재개발 빌라의 역습

소액 투자로 부의 문턱을 넘어라

소액 투자로
부의 문턱을 넘어라

재개발
빌라의
역습

황태연 지음

서하당 BIZ

빌라의 반격이 시작된다

"내가 지금 뭘 시작해, 이미 늦었지…"

서울 마포에 사는 50대 K씨의 한숨이 깊어졌다. 노후 준비도 막막한데 집값은 이미 하늘 끝까지 올라버렸다. 아파트는커녕 서울 외곽의 작은 빌라조차 쉽지 않은 시대다. 그렇게 막연히 흘러가는 시간을 한탄하며 지내던 날, 그는 필자가 운영 중인 삼성동 세미나에 참석해 '신촌과 홍대 일대' 이야기를 듣고 흔들렸다.

그는 신촌과 홍대는 늘 젊은이들이 북적이는 번화가로만 기억했다. 그러나 반짝이는 불빛 뒤편에 숨겨진 오랜 세월의 흔적을 간직한 낡은 빌라와 하숙집, 오래된 연립주택들을 마주했을 때, 그의 마음은 크게 뛰기 시작했다. 마침, 그 시기, 경의선 지하화와 신촌 연세대 역 신설이라는 두 가지 굵직한 호재가 발표되자 그는 생각을 완전히 바꿨다. 성수동과 한남뉴타운이 그러했던 것처럼, 서울의 낙후된 지역이 다시 살아나 화려하게 변신하는 역사의 한가운데 설 기회를 직감한 것이다.

사실 빌라는 오랫동안 부동산 시장에서 철저히 외면받았다. 아파트처럼 균일 하지도 않고, 가격이나 시세정보도 정확하지 않아 투자하기 까다롭다는 편견 때문 이었다. 사람들은 빌라에 대해 '빌라는 절대 오르지 않는다', '한번 사면 팔기가 너무 어렵다'라고 믿어왔다. 그러나 2025년 6월 말 정부의 강력한 대출 규제와 아파트 공급 부족이 맞물리면서 시장은 완전히 달라졌다. 투자자들의 관심이 자연스럽게 빌라로 향했고, 아파트가 너무 멀어진 자리를 빌라가 조용히 메우기 시작한 것이다. 이것이 바로 지금 벌어지고 있는 '빌라의 역습'이다.

빌라 투자는 사실 건물이 아니라 '땅'에 투자하는 것과 같다. 서울의 땅값은 지난 수십 년 동안 매년 꾸준히 상승했고, 빌라는 이 땅 위에 지어진 가장 작은 단위의 부동산이다. 적은 돈으로도 서울 땅을 소유할 수 있는 가장 현실적인 방법이 바로 빌라 투자인 셈이다.

빌라가 최근 더욱 주목받는 이유 중 하나는 재개발과 도시 정비 사업의 중심에 빌라가 있다는 점이다. 공공 재개발과 신속 통합기획, 역세권 개발, 가로주택정비 사업, 모아타운 등 굵직한 정책들이 서울의 빌라 밀집 지역을 중심으로 진행되고 있다. 지금은 낡은 벽돌 건물들이지만, 몇 년 후에는 고층의 고급 아파트가 들어설 가능성이 큰 지역들이다.

물론 빌라 투자에도 유의점이 있다. 특히 다주택자가 되면 세금 문제가 현실적인 부담으로 다가온다. 그러나 빌라는 공시가격이 상대적으로 낮아 종부세 부담이 크지 않고, 법인 명의나 자녀 증여를 활용한 전략적 접근으로 세금 부담을 줄일 수도 있다.

지난 10여 년간 나는 초보 투자자들과 함께 빌라를 매입하여 안정적인 월세 수익을 창출했다. 그 과정에서 성공의 기쁨도 있었고, 실패의 쓴맛도 봤지만, 무엇보다 빌라라는 자산이 가진 무궁무진한 가능성을 확실히 느꼈다. 발로 뛰며 임장할수록 더 나은 수익의 기회를 찾게 된다는 것도 빌라 투자의 중요한 비밀 중 하나였다. 그런 빌라 투자의 비결을 총정리해 이번 책을 기획하였다.

이 책은 총 6파트로 구성했다. 먼저 파트1에서는 '빌라 투자가 왔다'라는 개론을 중심으로 풀어보았다. 지금 부동산 시장에서 왜 빌라의 역습이 시작되는지, 빌라 투자에 대한 오해와 진실, 빨간 벽돌의 시대에 맞는 투자 철학을 다뤘다. 파트2에서는 빌라 투자 마인드를 보았다. 소액이나 대출 등으로 투자금을 조성하는 방법과 주거와 투자를 분리해야 하는 이유, 재개발과 빌라의 함수관계를 들여다보았다.

파트3에서는 본격적인 빌라 투자의 전략을 제시하였다. 빌라 투자의 우선순위, 수익률을 바꾸는 섬세한 전략, 월세형 vs 매매차익 형 빌라 투자의 유형을 살펴보았다. 파트4에서는 빌라 투자 실전에서 통용되는 투자의 실제를 다뤘다. 공실률을 낮추는 리모델링 팁, DSR 규제에 따른 전략적인 대응, 빌라 투자에 관한 8가지 시선 등을 소개하였다. 파트5에서는 빌라 투자의 실제 성공과 실패 사례를 정리하였다. 마지막 파트6에서는 서울 부동산을 중심으로 투자의 미래를 조망하였다.

빌라의 역습은 이미 시작됐다. 당신이 오랜 편견에서 벗어나 지금 빌라 시장을 다시 바라본다면, 적은 자본으로도 놀라운 결과를 만들어낼 수 있을 것이다. 지금, 이 순간이 바로 당신의 투자 시계를 다시 맞출 기회다. 이 책이 당신에게 새로운 가능성으로 다가갈 작은 열쇠가 되길 진심으로 기대한다.

서울 강남구 삼성동에서

황태연

재개발
빌라의
역습

재개발
빌라의
역습

파트 6   빌라 투자 후, 미래를 보는 눈

PART

빌라 투자의
시대가 왔다

부동산 시장에서
왜 빌라인가?

재개발 빌라의 역습

오랫동안 우리는 아파트를 부동산 투자의 중심으로 여겼다. 부의 상징이었고, 안전한 투자처였으며, 거주 만족도도 높았다. 서울에서 집을 산다는 건 곧 '아파트를 가진다' 라는 의미였고, 빌라는 언제나 그 아래의 선택지였다.

하지만 2020년대 중반에 접어들면서, 이 구도가 흔들리고 있다. 이제는 '왜 아파트냐' 보다 '왜 빌라인가'를 묻는 이들이 늘어나고 있다. 과연 무엇이 바뀌었을까?

가격이 싸서? 규제가 적어서? 아니다. 진짜 이유는 '다음 시대의 흐름이 빌라에 유리하게 흘러가고 있기 때문'이다.

아파트 중심의 정책이 만든 역풍

　지난 몇 년간 부동산 시장은 아파트 중심으로 급등했고, 동시에 정부의 규제도 집중됐다. 대출 규제, 취득세, 양도세 중과, 종부세까지… 아파트는 어느새 '투자의 대상'이 아니라 '세금의 표적'이 되었다.

　반면, 빌라는 규제에서 한 발 비껴 있었다. 특히 전용 85제곱미터 이하, 6억 원 이하의 신축 빌라는 주택 수 산정에서 유리하게 작용했다. 일부 신축 빌라는 1가구 1주택 비과세, 주택 임대 사업자 등록에 따른 세금 혜택까지 받을 수 있었다. 같은 4억 원대 투자로도 아파트는 규제 대상, 빌라는 절세 수단이 된 것이다.

| 서울시 뉴타운 현황 |

서울의 땅은 한정되어 있고, 새로운 아파트 단지는 쉽게 만들어지지 않는다. 재건축은 속도가 더디고, 신도시는 입주까지 시간이 오래 걸린다. 이 틈을 메우는 게 바로 빌라 지역의 도시 재생이다.

서울시의 '모아타운' 정책은 노후화된 다세대·다가구 밀집 지역을 통합 개발해 새로운 주거단지로 탈바꿈시키는 프로젝트다. 이른바 '빌라촌'이 통째로 새 아파트 단지로 변하는 것이다. 예전엔 낡은 집이었지만, 지금 사두면 미래의 입주권이 되는 구조다. 재건축 아파트를 사기엔 자금 부담이 크지만, 빌라는 '소액으로 시작할 수 있는 재건축의 전초전'이다.

공급보다 수요가 앞선다

요즘 빌라가 주목받는 이유 중 하나는 '실수요의 움직임' 때문이다. 청년층, 신혼부부, 1~2인 가구가 급증하면서 아파트는 부담스럽고, 전세도 불안한 이들이 빌라 매입으로 눈을 돌린다.

특히 역세권 신축 빌라들은 구조가 좋아졌고, 내부 인테리어도 아파트 못지않다. 더 중요한 건, 상대적으로 낮은 분양가와 실거주 가능성이다. 실입주자들에게 빌라는 '지금 살 수 있는 유일한 집'이다. 수요는 늘고 있지만, 신규 빌라 공급은 계속 줄고 있다. 수요는 앞서고, 공급은 밀린다. 가격이 올라갈 수밖에 없는 구조다.

아파트는 진입장벽이 높다. 빌라는 아직 진입할 수 있다. 특히 초보 투자자에겐 '내 집 마련 겸 투자'라는 전략이 유효하다. 실거주 요건을 충족한 후 향후 재개발, 리모델링 등의 개발 호재가 있다면 자산

가치 상승도 기대할 수 있다.

게다가 빌라는 임대 수익률이 아파트보다 높다. 전세가율이 높고, 보증금 대비 수익률도 좋아서, '연금형 자산'으로도 적합하다. 수익형 부동산에 관심이 있다면, 신축 빌라 소형 주택을 임대로 돌리는 방식이 유효하다.

지금의 빌라는 과거의 이미지에서 벗어나고 있다. 규제를 피하고, 실수요를 만족시키며, 도시 재생의 중심축이 되고 있다. 과거엔 '없어서 사는 집'이었다면, 이제는 '미래를 준비하는 집'이 되었다.

물론 모든 빌라가 정답은 아니다. 입지, 구조, 시세, 재개발 가능성 등을 따져야 한다. 하지만 제대로 고른 빌라 한 채는, 지금의 실거주와 내일의 수익을 동시에 책임질 수 있는 유일한 대안이 될 수 있다. 아파트만 바라보던 시선에서 벗어나, 빌라의 가치를 다시 보자. 지금 이 시장에서 '왜 빌라인가'를 묻는 이들이, 곧 다음 시장에서 '빌라여서 웃는' 이들이 될 것이다.

숫자로 보는
빌라 시대

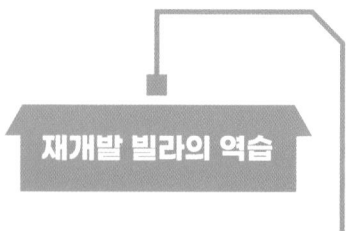
재개발 빌라의 역습

2025년에 들어와 서울의 부동산 시장에서 다시 빌라가 주목받고 있다. 불과 몇 년 전만 해도 빌라는 아파트의 그늘에 가려 있었고, 심지어 전세 사기 사건 등으로 부정적인 인식이 강했다.

하지만 근래 연립·다세대 주택 거래량이나 거래액, 매매수급지수 등 통계를 보면 서울 빌라 시장은 완연히 부활의 기지개를 켜고 있다.

수치가 증가한 빌라 매매 현황

먼저 통계부터 보자. 2025년 3월, 서울의 연립·다세대 주택 거래량이 3,096건을 기록했다. 이는 2022년 6월 이후 무려 2년 10개월 만에 처음으로 월간 거래량이 3,000건을 돌파한 수치다. 단순히 거래 건수만 많은 게 아니다. 거래액 역시 같은 기간 1조 1,941억 원을 기록하며, 2024년 같은 시기보다 55.6퍼센트나 증가했다. 수치만 봐도 빌라 시장이 눈에 띄게 살아나고 있음을 알 수 있다.

| 서울 다세대주택 거래량 |

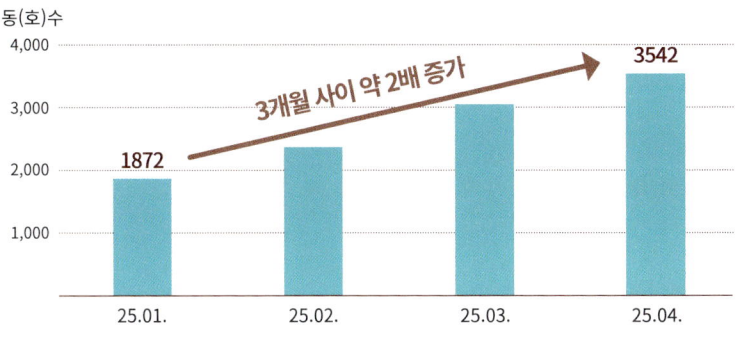

출처: 한국부동산원

빌라 시장의 활성화를 나타내는 또 하나의 지표가 바로 매매수급 지수다. 이 지수가 최근 99.4퍼센트까지 올라왔다. 매매수급지수는 100을 기준으로 수요와 공급의 균형 상태를 나타내는데, 과거 수년간 80대 수준에서 하락을 반복하던 빌라 시장이 이제는 수급 균형을 이루고 있음을 보여주는 명확한 신호다. 다시 말해 시장에서 빌라를 찾는 실수요자가 늘어나고 있다는 뜻이다.

왜 갑자기 서울의 빌라가 이렇게 주목받게 되었을까? 그 이유는 크게 네 가지다. 첫 번째 이유는 **아파트 가격의 급등이다.** 서울의 아파트 가격이 천정부지로 오르자 사람들이 현실적인 대안인 빌라로 눈을 돌리고 있다.

부동산 상담에서 만난 직장인 40대 중반 A씨는 수년간 강남권 아파트를 목표로 월급을 모았지만, 아파트값의 상승 속도를 따라가지 못해 결국 송파구의 한 신축 빌라를 선택했다. 그는 "지금 상태로는 아파트 구매가 꿈같아서, 빌라라도 먼저 사두고 향후 자산 상승을 기대하고 있다."라고 말했다. A씨 같은 사례가 최근 부쩍 많아졌다.

두 번째 이유는 **월세 시장의 폭발적인 성장이다.** 예전에는 빌라 하면 당연히 전세였지만, 전세 사기 등 불안한 사건들이 많아지면서 이제 월세로의 전환이 뚜렷해지고 있다.

실제로 서울 빌라의 월세 비중이 최근 50퍼센트를 넘어섰다. 월세 수익률 역시 평균 5.6퍼센트로, 예금금리(약 3퍼센트)나 주식 투자보다 수익률이 높다.

예를 들어 3억 원의 전세금을 월세로 전환하면 연간 1,680만 원, 매달 140만 원이라는 안정적 수익이 발생한다. 이런 높은 수익률 덕분에 은퇴자나 젊은 투자자들이 빌라를 적극적으로 매입하고 있다.

세 번째는 **정책적 뒷받침이다.** 정부가 2024년 12월부터 공시가격 5억 원 이하의 빌라 소유자도 청약 시 무주택자로 간주하는 정책을 시행했다. 이에 따라 서울의 중소형 빌라를 사더라도 청약 기회를 잃지 않게 되었다.

한 맞벌이 부부는 청약을 기다리면서도 주거 안정을 위해 서울에 빌라를 매입했다. 이들은 "아파트 청약의 꿈도 유지하면서 동시에 내 집 마련을 할 수 있는 이 정책이 너무 매력적이었다."라고 말했다. 이와 같은 정책적 지원 덕분에 빌라 시장의 실수요층은 더욱 두꺼워지고 있다.

마지막 네 번째 이유는 **재개발에 대한 기대감이다.** 서울시는 '모아 주택', '모아타운' 등 소규모 재개발 사업을 적극 추진하고 있다. 이에 따라 은평구, 광진구, 동대문구 등 재개발 기대감이 높은 지역의 빌라 거래가 급증했다. 특히 광진구의 경우 2024년 대비 거래량이 53.7퍼센트, 거래 금액이 68.4퍼센트나 증가했다.

은평구는 2025년 3월 한 달 동안만 269건의 거래가 이루어지며 서울 전체에서 거래량 1위를 기록하기도 했다. 재개발 기대감이 있는 빌라 지역의 가격 상승률은 특히 더 높다. 중구 신당동과 송파구 잠실의 빌라는 단기간 내 수천만 원에 많게는 억대 상승까지 나타나고 있다.

빌라 투자, 지금이 적기

정리해 보면, 최근 빌라 시장은 아파트 가격 급등으로 인한 대체 투자처로 떠오르고 있으며, 월세 시장 확대로 안정적 현금 흐름을 제공하고 있다. 여기에 정부 정책 변화로 인한 실수요 증가, 재개발 기대감까지 더해져 과거 침체에서 벗어나 활력을 되찾고 있는 것이다.

최근의 수치와 흐름을 보면, 서울 빌라 시장은 한동안 상승세가 이어질 가능성이 높다. 실제 사례와 통계를 종합적으로 검토해 보면, 앞으로 빌라 투자는 더욱 매력적인 선택지가 될 것으로 보인다.

빌라 투자, 무작정 두려워할 필요 없다. 객관적인 수치를 통해 시장의 흐름을 제대로 이해한다면, 안정적이고 수익성 있는 자산을 만들 수 있다.

하지만 빌라의 가치가 숫자만으로 설명되지 않는다. 오래된 벽돌집에 살던 세입자가 재개발 후 새 아파트에 입주해 눈물을 흘리며 "내 평생 이런 집에서 살아볼 줄 몰랐다."고 말하는 순간, 우리는 비로소 부동산이 갖는 진짜 가치를 깨닫는다. 빌라는 누군가에게는 인생 최초의 집이고, 누군가에게는 더 나은 삶을 위한 디딤돌이다.

투자는 결국 '사람의 이야기'를 품을 때 더 큰 의미를 갖는다. 작은 빌라 한 채가 누군가의 삶을 바꾸고, 나아가 한 지역의 풍경을 바꾼다. 그리고 그 변화를 미리 읽고 준비한 투자자는 경제적 이익뿐 아니라, 도시가 성장해 가는 과정을 함께하는 주인공이 된다.

2030 세대에게는 "늦었다."는 말보다 "지금이라도 시작하라."는 말이 필요하다. 자금이 적더라도, 아파트가 아니더라도, 작은 빌라에서 첫 발을 내딛는 순간 시간이 당신 편이 된다. 4050세대에게는 노후를 준비할 수 있는 현실적 대안으로, 은퇴 이후 안정적 현금 흐름을 만들어줄 자산으로서 빌라는 의미가 있다. 당신의 빌라 투자, 지금이 바로 그 적기일지 모른다.

'아파텔' 시대,
빌라의 가치 재발견

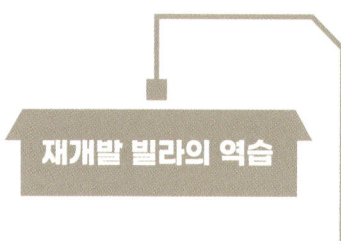

재개발 빌라의 역습

언제부턴가 부동산 시장에서 '아파텔'이라는 말이 흔해졌다. 아파트와 오피스텔의 장점을 결합한 형태라며, 소형 아파트처럼 설계되었지만, 세금은 오피스텔처럼 저렴하고, 청약통장도 필요 없다는 장점이 강조된다.

아파텔 열풍으로 우리는 너무 쉽게 '빌라'를 잊고 있다. 더 정확히 말하면, 너무 오래된 편견 속에 빌라를 가둬두고 있다. 하지만 지금, 아파텔 시대에 오히려 빌라가 재조명될 타이밍이 왔다. 겉모습은 촌스러워도, 내용물은 생각보다 알찬 빌라들이 속속 나타나고 있다. 그리고 그 안에는 아파텔이 가진 단점을 충분히 보완할 가능성이 담겨 있다.

빌라의 환골탈태로 아늑한 공간으로 변신

전세 대란과 공급 부족이 겹치며 이른바 '준 아파트'로 불리는 아파텔은 실수요자는 물론 투자자들의 눈에도 매력적으로 보였다. 하지만, 과연 그럴까.

먼저 아파텔의 현실을 들여다보자. 분양가는 아파트 수준인데 정작 대출은 오피스텔 기준이라 자금 부담이 크다. 전용률이 낮고, 층간소음이나 단열 문제도 적지 않다. 무엇보다 아파텔은 상업용 부동산이기 때문에 거주지 주소를 이전해도 교육이나 복지 측면에서 제약이 많다. 어린 자녀가 있는 가정이라면, 눈에 보이지 않는 이 불편함이 꽤 크다.

그에 비해 빌라는 어떨까. 20~30년 된 구옥은 저렴한 가격으로 진입할 수 있고, 전용률도 높다. 방 2개, 거실 1개 구조에 마당이나 다락방이 있는 집도 있다. 같은 금액으로 더 넓은 공간, 더 조용한 환경에서 살 수 있다. 최근 리모델링 트렌드와 결합하면서 '빌라 셀프 인테리어'는 유튜브의 인기 콘텐츠가 되었다. 평범한 빌라가 감성 하우스로 바뀌는 모습에 사람들이 열광하고 있다.

실제로 서울 마포구 성산동의 한 3층 빌라. 한 부부가 이 빌라를 매입해 전체 리모델링을 진행했다. 바닥을 원목으로 바꾸고, 벽을 화이트톤으로 마감하니 전혀 다른 공간이 되었다. 중문을 설치하고 시스템 냉난방을 넣으니, 아파트보다 더 아늑한 주거 공간이 만들어졌다. 비용은 총 3,000만 원 남짓. 인근 아파텔 분양가보다 훨씬 적은 금액으로 더 넓고 실용적인 공간을 갖게 된 셈이다.

또 하나의 차별점은 '주거 안정성'이다. 아파텔은 상업용이라 임차인의 권리가 약하지만, 빌라는 주택임대차보호법이 적용되어 확정일자와 전입신고만 해도 보증금을 보호받을 수 있다. 임차인 처지에서는 결정적인 요소다.

시간을 사는 투자처

투자 측면에서도 빌라의 잠재력은 다시 봐야 한다. 물론 거래량은 아파트에 비해 적고, 시세 상승도 더디다. 그러나 역세권, 도심지 인근, 준공 20년 이상 구역이라면 이야기가 달라진다. 이른바 소규모 재건축, 리모델링 구역으로 지정될 가능성이 높기 때문이다. 서울시가 발표한 '2040 서울 도시계획'에서는 저층 주거지의 재정비를 유연하게 풀겠다는 방침이 담겨 있다. 이를 기회로 삼으면, 빌라는 단순한 거주 공간이 아닌 '시간을 사는 투자처'가 될 수 있다.

중요한 건 시선의 변화다. 누군가에게 빌라는 여전히 낡고 불편한 주거지일 수 있다. 하지만 누군가는 그 속에서 가능성과 경제성을 본다. 아파텔이 법적 사각지대에서 불편함을 유발한다면, 빌라는 제도 안에서 조용히 가치를 높이고 있다. 더군다나 주택담보대출 규제에서 빌라가 상대적으로 자유로워서, 자금 여유가 부족한 젊은 세대에게는 오히려 현실적인 선택지가 될 수 있다.

'아파텔 시대'라고 불릴 만큼 신축 소형 주거 형태가 주목받는 지금, 빌라는 오히려 숨은 진주처럼 빛난다. 외면받는 공간일수록 가능성은 크다. 빌라는 더 이상 저소득층만의 선택이 아니다. 오히려

'가성비', '리모델링', '재건축 기대'라는 키워드가 결합하며 새로운 자산으로 재발견되고 있다.

다시 말하지만, 부동산은 누가 어떻게 보느냐에 따라 가치가 달라진다. 아파텔은 분명 지금 뜨거운 선택이다. 하지만 그 불빛 뒤에서 묵묵히 빛을 쌓아가는 빌라의 잠재력을, 우리는 이제 좀 더 진지하게 바라봐야 하지 않을까.

빌라 투자에 대한
오해와 진실

재개발 빌라의 역습

빌라 투자라는 말을 들으면 고개를 갸웃거리는 사람들이 많다.

"빌라는 나중에 팔기 어렵잖아요."

"임대가 안 나가면 어쩌려고요?"

"아파트가 훨씬 안전하지 않나요?"

이런 질문을 수없이 들었다. 부동산 투자 초보자일수록 빌라를 바라보는 선입견이

강하다. 하지만 과연 그 생각들이 모두 맞는 걸까?

입지가 좋은 빌라는 잘 팔려

가장 흔한 오해는 '빌라는 팔리지 않는다'라는 말이다. 분명 아파트에 비해 매매 속도가 느린 것은 사실이다. 특히 입지나 관리 상태가 좋지 않다면 매수자를 찾기 어려운 것도 현실이다. 하지만 이건 '어떤 빌라냐'의 문제이지, '빌라라서 안 팔린다'는 건 아니다.

지인이 몇 년 전 매수한 관악구 신림동에서 매입한 신축 빌라 사례를 보자. 지하철역에서 도보 5분 거리, 주변에 대학과 상권이 형성된 입지였다. 1억 8천만 원에 매입해 전세를 놓고 2년 뒤 2억 3천만 원에 매도했다. 수익률로 치면 매우 양호한 편이다. 핵심은 '입지'다. 입지가 좋은 빌라는 아파트보다 더 빠르게, 더 좋은 조건으로 매매되기도 한다.

두 번째 오해는 '빌라는 전세가 잘 안 나간다'라는 것이다. 사실 이 말은 절반은 맞고, 절반은 틀리다. 지난 몇 년간 전세 수요는 아파트에 집중되었다. 특히 학군, 브랜드, 커뮤니티 시설 등을 중시하는 실거주 수요는 빌라를 외면했다. 하지만 반대로 생각해 보자. 1~2인 가구가 증가하고, 주거비 부담이 커지면서 상대적으로 저렴한 빌라로 수요가 이동하고 있다. 직장인, 대학생, 신혼부부 등은 실용성과 가성비를 따진다. 이런 수요층이 밀집한 지역에서의 빌라는 여전히 임대가 잘 나간다.

빌라를 갖고 있는 임대인들이 심심치 않게 부동산 상담을 요청해 온다. K씨는 노원구 상계동에 있는 오래된 빌라 한 채를 관리하고 있다. 주변은 아파트 단지가 형성되어 있지만, 이 빌라는 전용 56제곱미터에

방 두 개 구조로 20대 커플에게 인기가 많다. 도배와 장판만 새로 해주면 2주 안에 항상 세입자가 들어왔다. 물론, 임대료는 아파트보다 저렴하지만, 공실 없이 꾸준히 돌아가는 구조가 위험을 줄여준다.

세 번째 오해는 '빌라는 가격이 안 오른다'라는 편견이다. 아파트처럼 극적인 상승은 없을 수 있다. 하지만 가격이 절대 안 오른다는 말은 틀렸다. 특히 개발 호재가 있는 지역이나 서울 외곽의 저평가 지역에서는 빌라가 먼저 움직이기도 한다. 2020년 초, 강서구 화곡동 빌라에 투자했던 한 지인은 주변 신축 아파트 가격 상승과 함께 빌라 가격도 덩달아 뛰면서 3년 만에 4천만 원의 시세 차익을 봤다. 물론 급등은 아니었지만, 연수익률로 따지면 7~8퍼센트에 달하는 좋은 성과였다.

숨어 있는 빌라 투자의 장점

빌라 투자에서 중요한 건 전략이다. 무턱대고 싸다고 덜컥 사는 것이 아니라, 지역 분석, 수요층 파악, 리모델링 가능성, 대지 지분, 용도지역 등을 종합적으로 고려해야 한다. 특히 대지 지분이 넉넉한 빌라는 향후 재건축 가능성까지 염두에 둘 수 있다. 필자가 최근에 살펴본 동대문구의 한 빌라 단지는 용도지역 변경 검토가 논의되면서 투자자들 사이에서 '핫'한 지역으로 떠올랐다.

물론 위험도 있다. 전세 사기, 깡통전세, 불법 건축물 등은 항상 조심해야 할 부분이다. 그래서 등기부등본 확인, 전세 보증보험 가입, 건축물대장 열람은 기본이다. 공인중개사 사무소에서만 모든 정보를 듣기보다는, 직접 발품 팔고 확인하는 습관이 필요하다.

빌라 투자는 아파트에 비해 손이 많이 가는 것이 사실이다. 그러나 작은 자본으로 시작할 수 있고, 리모델링과 임대 전략만 잘 세우면 훌륭한 수익을 낼 수 있다. 오히려 아파트보다 '똑똑한 투자'를 요구하는 분야다. 그래서 더 많은 공부와 준비가 필요하고, 그만큼 보상도 크다.

빌라를 무시하던 시절이 있었다. 하지만 지금은 다르다. 아파트만 바라보던 시야를 조금만 넓히면, 그 옆에 조용히 서 있는 빌라가 보인다. 그리고 그 안에 숨어 있는 기회를 발견할 수 있다. 오해는 정보 부족에서 나오고, 진실은 현장에서 만들어진다. 빌라 투자는 그 진실의 세계로 들어가는 가장 현실적인 입구일지도 모른다.

투자 철학이
성공을 만든다

재개발 빌라의 역습

부동산 투자에서 가장 자주 묻는 말이 있다.

"지금 어디가 좋아요?"

"무엇을 사야 하나요?"

"언제 팔아야 하죠?"

대부분은 답을 숫자나 지역에서 찾으려 한다. 하지만 정작 성공하는 투자자들은 방향이 먼저다. 좋은 지역보다, 먼저 '내가 어떤 투자자인가'를 아는 것이 중요하다. 투자는 '어디' 보다 '어떻게'가 중요하고, '어떻게'보다 더 근본적인 건 '왜'다. 그 '왜'를 결정하는 것이 바로 투자 철학이다.

철학 없는 투자는 바람 부는 깃발

시장에는 언제나 유혹이 있다. 가격이 오르면 사고 싶고, 떨어지면 팔고 싶다. 규제가 생기면 움츠러들고, 완화되면 달려간다. 그런 마음으로 움직이다 보면, 결국 시장에 휘둘리는 투자자가 된다. 바람이 부는 대로 흔들리는 깃발처럼.

반대로 철학이 있는 투자자는 다르다. 시장이 흔들려도 자신만의 기준이 있다. 아파트를 사든, 빌라를 사든, 오피스텔을 사든, 그 안에 일관된 방향성과 기준이 있다. 그래서 남들이 불안해할 때도 담담하게 움직이고, 남들이 열광할 때도 조용히 멈춘다. 철학이 중심을 잡아주는 힘이 된다.

한 투자자는 이렇게 말했다.

"나는 언제나 인구가 늘어나는 곳, 교통이 개선되는 곳만 본다."

또 다른 투자자는 이렇게 말했다.

"나는 내가 10년 후에도 살고 싶은 집만 산다."

겉보기엔 단순해 보이지만, 이 철학이 수십 년간 그들을 지켜줬다. 수백 건의 투자 기회 중에서 무엇을 선택하고, 무엇을 놓칠지를 정하는 기준이 되어준 것이다. 특히 장기적으로 큰 수익을 낸 사람일수록 철학이 선명하다.

필자 역시 '가치투자'라는 철학을 따른다. '지금 싸게 사서 나중에 비싸게 파는 것'보다, '사고 싶은 사람이 꾸준히 생기는 물건을 산다'라는 원칙이다. 그 기준으로 보면 단기 이슈는 중요하지 않다. 세금, 대출, 금리 같은 변수보다 본질을 본다.

투자 철학은 다듬어지는 것

철학은 처음부터 완성된 형태로 오지 않는다. 많은 시행착오, 수많은 실패, 경험의 축적 속에서 점점 더 선명해진다. 그래서 철학을 갖기 위해서는 반드시 '기록'이 필요하다. 실패의 기록, 성공한 원인, 투자 전과 후의 생각을 꾸준히 메모하다 보면 자신만의 패턴이 보이기 시작한다. 그게 곧 철학이 된다.

책에서 읽은 멘토의 말보다, 내가 겪은 현장 경험이 더 큰 교과서가 된다. 부동산 시장은 항상 요동친다. 뉴스는 위기를 말하고, 카페에는 공포와 기대가 뒤섞인다. 이런 시장에서 살아남는 건 정보가 빠른 사람이 아니다. 판단을 잘하는 사람이고, 그 판단의 기준이 흔들리지 않는 사람이다.

그래서 투자 철학은 전략보다 중요하다. 기법보다 깊고, 수익률보다 오래 간다. 누구나 투자할 수 있다. 하지만 철학 있는 투자자는 오래도록 투자할 수 있다. 그래서 결국, 투자 철학이 성공을 만든다.

빌라 가치의
핵심을 찾자

재개발 빌라의 역습

서울 왕십리의 한 골목에는 독특한 매력을 지닌 빌라가 있다. 외관은 평범하지만, 내부는 깔끔하게 리모델링되어 있고, 교통과 생활 기반이 잘 갖춰져 있다. 이 빌라는 몇 년 전까지만 해도 매수 문의가 거의 없던 곳이었다.

하지만 지금은 상황이 완전히 달라졌다. 매물로 내놓기만 하면 며칠 안에 계약이 성사된다. 이 빌라를 소유한 T씨는 입가에 미소를 띠며 말했다.

"빌라 투자, 누가 뭐래도 잘한 선택이었어요."

빌라는 자산이다

빌라 투자가 조명받기 시작한 건 그리 오래되지 않았다. 과거에는 아파트에 비해 인식이 낮았고, 거래도 활발하지 않았다. 그러나 최근 몇 년 사이 시장의 기류가 바뀌었다. 특히 **수익성과 안정성, 그리고 성장 가능성을 모두 품고 있다**는 점에서 투자자들에게 다시 주목받고 있다. 그 이유는 명확하다. 빌라는 단순한 주거 공간이 아니라 '자산'이기 때문이다.

먼저 수익성에서 빌라는 타 부동산 자산과 차별화된 장점이 있다. 초기 매입가가 상대적으로 낮아 진입장벽이 낮고, 리모델링이나 소형 임대 전략을 활용하면 안정적인 월세 수익을 기대할 수 있다. 특히 1인 가구와 2인 가구가 꾸준히 증가하는 도시의 구조적 변화 속에서 빌라형 소형 주택은 수요층이 탄탄하다. 임대 수익률 기준으로 본다면 오히려 대형 아파트보다 높게 나오는 경우도 많다.

또한 안정성도 간과할 수 없다. 빌라의 가장 큰 위험은 '공실'이다. 하지만 입지가 좋고, 내부 컨디션이 괜찮은 빌라는 시장에서 늘 수요가 있다. 가령, 서울 도심에서 30분 이내에 위치하면서도 지하철역 도보 10분 거리 이내라면, 웬만한 아파트 못지않은 인기를 누린다. 여기에다가 주택임대차보호법과 같은 법적 안전장치를 활용하면 투자 안정성은 더 높아진다.

이외에도, 성장성이다. 바로 이 부분이 빌라 투자의 가장 큰 매력이다. 아파트 단지처럼 일괄적으로 가격이 반영되는 구조가 아니라 개별 입지와 상태에 따라 '가치 발견'이 가능하다. 즉, 저평가된 빌라를 발굴해 리모델링하고, 재개발 가능성을 고려하여 장기적으로 보유한다면 시세 차익도 충분히 기대할 수 있다. 특히 서울을 비롯한 수도권 지역의 재정비 촉진 지구나 도시 재생 뉴딜 사업 대상지에서는 빌라가 향후 아파트로 바뀔 가능성도 높다.

수익, 안정성, 성장성의 3축을 찾자

실제로 부동산 투자 경험이 없는 30대 직장인 E씨는 2년 전 신길동에 있는 낡은 빌라를 1억 5천만 원에 매입해 소형 임대로 리모델링했다. 월세 70만 원씩 2세대에서 총 140만 원의 임대 이익을 얻었고, 2년 뒤 재건축 구역 지정으로 인해 시세는 2억 원을 넘겼다. 김씨는 "처음에는 불안했지만, 공부하고 현장을 직접 다녀보니 충분히 해볼 만한 투자였어요."라고 말했다.

빌라 투자에 있어 중요한 건 몇 가지 기본 원칙을 지키는 것이다.

첫째, **입지를 꼼꼼히 따져야 한다.** 대중교통 접근성, 생활 편의시설, 학교와 병원 등은 기본이다. 둘째, **법적 권리관계를 반드시 확인해야 한다.** 등기부등본, 건축물대장, 도시계획 등을 통해 법적 위험을 줄일 수 있다. 셋째, **관리가 용이한 구조인지 살펴야 한다.** 내부 수선이 어렵거나 배관 문제가 잦은 구조라면 장기적으로 손이 많이 가기 때문이다.

또한 **투자자로서 빌라의 '변화 가능성'을 항상 염두에 두어야 한다.** 현재 상태가 아니라 미래 가치에 집중하는 시선이 필요하다. 개발 호재나 교통망 개선, 학군 변화 등도 종합적으로 고려해야 한다. 부동산은 단순한 가격의 상승을 보는 것이 아니라, 사람의 삶이 어떻게 움직이고 흘러가는지를 읽는 일이기 때문이다.

◀ 내·외부를 리모델링한
지하철역 근처의 빌라 모습

결국 빌라 투자는 단순히 싸게 사서 비싸게 파는 전략이 아니다. '가치'를 발견하고, 그 가치를 키워나가는 과정이다. 수익, 안정성, 성장성이라는 세 가지 축이 균형을 이루는 투자처는 흔치 않다. 빌라는 그 희소한 기회의 땅이다. 변화하는 도시, 변화하는 삶의 방식 속에서 빌라라는 공간은 여전히 묵직한 가능성을 품고 있다. 그래서 나는 말하고 싶다.

지금이야말로 빌라 투자를 시작할 때다. 당신만의 '100배 가치'를 위한 투자의 첫걸음이 될 수 있다.

서울 부동산의
거대한 변화

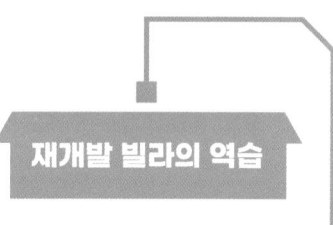

재개발 빌라의 역습

2025년 봄부터, 서울 부동산 시장은 예상과 다른 방향으로 움직이고 있다. 경기 침체 우려와 계엄 사태 여파로 하락장이 예상되었지만, 실제 시장은 반등을 넘어 급 상승세로 돌아섰다. 그 중심에는 세 가지 키워드가 자리하고 있다. 금리 인하, 규제 철폐, 재개발·재건축 가속화가 바로 그것이다.

여기에 더해, 공급 절벽으로 인한 주택 부족과 수도권 인구 유입, 청약 제도의 변화까지 맞물리며 상승세를 더욱 가팔라지게 만들고 있다. 시장은 단순히 가격 변동이 아니라 구조적 전환기에 접어든 것이다. 결국 지금의 흐름은 일시적 반등이 아니라, 향후 10년을 이끌 새로운 패러다임의 시작으로 읽을 수 있다.

서울 부동산의 변화를 이끌 3대 축

먼저 **금리 인하다.** 정부는 이미 한 차례 금리를 내렸고, 추가로 2~3회 인하를 예고하고 있다. 금리 인하는 대출 이자 부담을 줄이고, 이는 곧 주택 구매 여력 확대와 매매 심리 자극으로 이어진다. 동시에 서울의 토지거래허가구역이 해제되면서 묶였던 수요가 시장으로 유입되고 있다.

두 번째는 **규제 완화를 넘은 철폐 수준의 정책 변화다.** 그동안 시장을 억눌러왔던 여러 규제가 빠르게 사라지고 있다. 특히 서울시에서는 준주거지역에 100퍼센트 아파트 건설을 허용하며, 재건축 사업성까지 개선되고 있다. 정비구역 지정 기간은 단축되고, 행정 절차도 간소화되었다. 이는 개발 속도를 앞당기고, 그만큼 시장 공급의 선순환을 유도한다.

세 번째는 **재개발·재건축의 속도전이다.** 신속 통합기획, 역세권 개발, 모아타운 등 다양한 재개발 모델이 동시에 추진되며 서울 곳곳이 다시 움직이고 있다. 특히 1군 지역인 강남, 서초, 송파, 용산이 상승장을 주도하며, 그 영향을 받아 마포, 성동, 광진, 동대문 등도 함께 가격이 오르고 있다. 상급지가 뛰면 중급지, 하급지가 순차적으로 반응하는 건 부동산 시장의 익숙한 흐름이다.

서울 아파트의 평균 매매가는 사상 처음으로 13억 원을 돌파했다. 강남의 일부 지역은 30억 원 선을 넘보고 있다. 이러한 급등의 배경에는 공급 부족이라는 구조적 요인이 있다. 입주 물량이 부족한 상황에서 매수 심리가 자극되면, 전세와 매매 가격이 동시에 오른다. 더불어,

낮아진 금리는 '같은 이자라면 더 나은 집으로'라는 선택을 가능하게 만든다. 6억 원 대출 규제라는 정부 정책도 빌라 시장을 중심으로 보면 큰 장애는 되지 않는다.

| 도시기본계획 중심지체계 |

기회의 시장에 뛰어들자

서울 진입을 희망하는 수요자라면 2025년 하반기에 움직일 시점이다. 특히 강남 진입이 어렵다면 마용성, 노도강, 영등포, 동작 등 주변 지역 재개발 구역을 눈여겨볼 필요가 있다. 저자본으로도 진입이 가능하면서 향후 상승 여력도 충분하다.

향후 2026~2028년 사이에는 현재 추진 중인 정비 사업들이 입주로 이어지며 또 한 번 시장 변화의 계기가 될 것이다. 따라서 지금의 선택은 2030년, 2040년 시장에서의 자산가치에 직결될 수 있다.

결국 앞으로 부동산 시장은 '기회의 시장'이다. 흔들리는 경제 속에서도 분명한 기회는 존재한다. 핵심은 타이밍이다. 금리 인하, 규제 철폐, 개발 가속화라는 세 축이 동시에 작동하는 지금, 전략적인 판단과 빠른 실행이 요구된다. 머뭇거리다 기회를 놓치는 일은 없어야 한다.

이 시점에서 빌라 투자의 기회를 짚고 넘어갈 필요가 있다. 아파트 가격이 과열되는 시기, 빌라는 오히려 상대적으로 안정적인 진입 기회를 제공한다. 특히 서울 외곽이나 2·3군 지역의 빌라는 가격 부담이 덜하고, 일부는 재개발 예정지 또는 유력 후보지에 포함되기도 한다. 실제로 강북권을 중심으로 빌라 투자에 관한 관심이 점점 높아지고 있다.

빌라 투자의 핵심은 **재개발 가능성과 수익형 투자로의 전환 가능성이다.** 서울의 빌라는 대체로 10~30년 이상의 노후 주택이 많고, 재개발 구역에 포함될 가능성이 있다. 현재 정부는 정비사업 활성화를 위해 지정 절차를 간소화하고 있으며, 이는 곧 빌라의 잠재 가치 상승을 의미한다.

또 하나 주목할 점은 전세 수요다. 서울 중심부 입주 물량이 줄면서 전세난이 이어지고 있고, 빌라 전세 역시 꾸준한 수요를 확보하고 있다. 월세 전환도 활발해지면서 수익형 부동산으로서의 빌라 가치도 재조명받고 있다. 실거주와 임대를 겸한 전략도 가능하다. 빌라 투자는 접근성과 실속을 모두 잡을 수 있는 선택지가 된다. 특히 자금력이 제한된 실수요자나 1~2억 원대 투자처를 찾는 초보 투자자에게는 빌라야말로 서울 부동산 시장 진입을 위한 '현실적인 디딤돌'이라 할 수 있다.

앞으로 2026~2028년 사이, 현재 추진 중인 정비사업들이 본격적으로 입주를 시작하게 되면 또 한 번의 시세 변화가 나타날 것이다. 이는 지금 투자한 소형 주택이나 빌라가 상당한 가치 상승을 경험할 수 있음을 의미한다. 특히 정책 완화가 본격화되고, 금리 인하 흐름이 지속된다면 빌라 가격 역시 영향을 받지 않을 수 없다.

결국 앞으로 서울 부동산 시장이 다시 태어나는 시기다. 시장을 읽는 눈이 필요한 시점이며, 실수요와 투자 수요 모두가 타이밍을 놓치지 않아야 한다. 강남이 어렵다면 주변 지역을 공략하고, 아파트가 부담스럽다면 빌라를 고려해 봐야 한다. 서울은 다시 상승 곡선을 그리기 시작했다. 그 시작점에 자신만의 전략을 세우고 진입한다면, 2030년, 2040년의 부동산 미래를 주도할 수 있을 것이다.

빨간 벽돌 빌라의
시대

재개발 빌라의 역습

한때 빨간 벽돌 빌라는 가난의 상징이었다. 낡고 좁고 주차도 불편한 데다 엘리베이터조차 없었다. 모두가 편리한 아파트로 향할 때, 빌라는 골목에 남겨진 채 점점 사람들의 기억에서 지워졌다.

하지만 이제 그 버려졌던 골목에서 조용한 변화가 시작되고 있다. 오랫동안 비어 있던 방에 새로운 세입자가 들어오고, 낡은 계단을 개성 있게 리모델링한 집에 젊은 부부들이 짐을 푼다. "왜 아직 이런 집에 사냐?"라는 질문은 이제 "지금 아니면 못 사는 집"이라는 확신으로 바뀌고 있다. 과거를 품고 있는 빨간 벽돌 빌라는 어느새 서울 부동산 시장의 숨겨진 보물로 떠오르고 있다.

서울의 마지막 투자 기회

　서울에서 신축 아파트를 구하는 일은 갈수록 어려워진다. 재건축은 복잡하고 시간은 길고, 분양가는 이미 일반인이 넘보기 힘든 수준이다. 그런데 이 사이로 오래된 빨간 벽돌 빌라가 새로운 투자처로 주목받고 있다. 낡았지만 입지가 좋고, 작지만, 희소성을 가진 이 빌라들이 다시 빛을 보기 시작한 것이다.

◀ 오래된 4층짜리
빌라 단지 모습

　빨간 벽돌 빌라는 대개 1990년대에 지어진 4층 이하의 다세대 주택이다. 강북의 종로, 성북, 동대문 일대에서부터 강남의 논현, 역삼, 방배동까지 서울 곳곳에서 쉽게 찾을 수 있다. 오래된 이 빌라들은 이제 도시재생 정책과 맞물려 입주권으로 재탄생하고 있다. 서울시가 추진하는 모아타운과 신속 통합기획 같은 정책들은 이들 지역 전체를 통째로 재개발하려고 한다. 과거엔 허물기만 해도 부담이었던 노후빌라가, 이제는 초기 투자만으로 입주권을 얻을 특별한 기회로 바뀌고 있다. 지금 빨간 벽돌 빌라는 서울에서 남은 마지막 '저렴한 입장권'일지 모른다.

추억이 아니라 가능성에 투자하는 일

빨간 벽돌 빌라는 낡고 지저분해졌다. 하지만 그저 사라져야 할 퇴물만은 아니다. 그 속에는 도시의 정서와 역사가 고스란히 담겨 있다. 이런 공간에 투자하는 일은 그 동네의 미래 가능성에 베팅하는 것과 같다. 성수동, 연남동, 망원동도 처음에는 낡은 주택가였다. 작은 카페 하나, 감각적인 리모델링이 하나둘 들어서면서 분위기는 달라졌고, 사람들이 모이고 상권이 형성되고 결국에는 인기 있는 지역으로 탈바꿈했다.

빨간 벽돌 빌라도 그런 변화의 출발점이 될 수 있다. 겉은 낡았지만, 재개발, 리모델링, 임대 사업 등 다양한 방식으로 활용할 수 있는 공간이 많다. 여백이 많다는 것은 곧 무한한 가능성이 있다는 뜻이다.

부동산 투자는 결국 시간과 타이밍 싸움이다. 모두가 새 아파트를 바라보며 경쟁할 때, 소수는 아직 아무도 신경 쓰지 않는 오래된 골목에 시선을 돌린다. 빨간 벽돌 빌라는 투자자들이 몰려오기 전에 미리 자리잡는 사람에게만 특별한 기회를 준다. 서울에서 빨간 벽돌 빌라는 다음 10년의 변화를 이끌 투자 씨앗이다. 그 가치를 먼저 알아보는 사람이 서울 부동산 시장의 주인공이 될 것이다. 빨간 벽돌 빌라의 시대가 다시 오고 있다. 과거의 향수와 미래의 가능성이 만나는 이 골목에서, 서울의 진짜 이야기가 다시 시작되고 있다.

2 PART

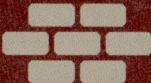

빌 라 투 자,

이렇게 시작하자

소액 500만 원 투자도
가능한가?

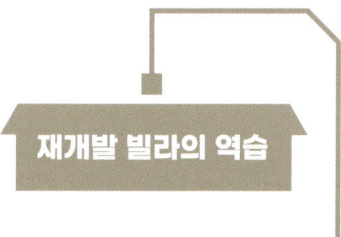

재개발 빌라의 역습

사람들이 부동산 투자를 생각할 때 가장 먼저 떠올리는 것은 무엇일까? 대체로 서울 아파트, 강남 빌딩 같은 '큰돈'이 들어가는 곳이다. 하지만 나는 늘 강조해 왔다. 부동산 투자는 크기가 아니라 전략이다. 즉, 얼마나 현명하게 접근하는가가 관건이다.

지인들과 대화를 나누다 흥미로운 주제가 나왔다. 바로 '500만 원'으로 빌라에 투자하는 방법이 있냐는 질문이었다. 현실적으로 가능할까? 생각보다 해답은 멀리 있지 않았다.

소액의 투자 경험 중요

　빌라 투자의 전통적 방식은 '갭투자'다. 간단히 말해, 집값과 전세금의 차이를 이용해 내 돈을 최소화하며 부동산을 소유하는 방식이다. 하지만 현실적으로 서울이나 수도권 핵심 지역에서는 500만 원의 소액으로는 갭투자가 쉽지 않다. 다만, 지방의 작은 도시나 수도권 외곽의 오래된 빌라, 원룸의 경우 상황이 다르다. 전세가와 매매가의 차이가 거의 없거나 500만 원 이하의 소액으로 진입할 수 있는 경우도 종종 있다. 내가 만난 한 투자자는 충남의 작은 도시에 400만 원의 차액을 두고 빌라 한 채를 사, 임대업을 시작했다. 그는 이렇게 말했다.

　"중요한 건 얼마나 버느냐가 아니라, 소액이라도 부동산 투자 경험을 쌓는 거예요. 수익이 크지 않아도 다음 투자를 위한 자신감을 얻는 게 진짜 수익이죠."

　소액 투자의 핵심은 투자 경험과 자신감을 얻는 데 있다.

젊은 투자자의 단기 임대 사업

　이제 조금 더 눈을 돌려보자. 근래 인기 있는 또 다른 방법인 '단기 임대 사업'을 살펴보자. 단기 임대 사업이라 하면 흔히 에어비앤비를 떠올리는데, 초기 투자금이 적고 운영이 비교적 쉬워 소액 투자자들에게 아주 매력적인 방식이다.

　얼마 전 서울 강서구에서 작은 오피스텔을 월세로 빌려 에어비앤비로 운영하는 30대 젊은 투자자를 만났다. 놀랍게도 그의 초기 투자금은 딱 500만 원이었다. 월세 보증금 300만 원과 기본적인 가구나 소품 비용 200만 원을 포함한 금액이다. 그는 색다른 관점을 이야기했다.

"처음엔 잘 될까 반신반의했어요. 그런데 막상 운영해보니 생각보다 많은 손님이 찾아왔고, 관리도 어렵지 않았어요. 한 달 평균 70~80만 원 정도 순수익을 내고 있습니다. 무엇보다도 초기 부담이 적으니, 실패에 대한 두려움 없이 투자할 수 있었죠."

물론, 단기 임대 사업에도 신경 써야 할 점이 있다. 바로 입지와 인테리어다. 필자가 자주 말하듯, 부동산의 핵심은 결국 '입지'다. 좋은 위치에 깔끔한 인테리어만 갖춰도 숙박률은 자연히 올라간다. 또한, 지자체의 규제나 숙박업 허가 여부도 사전에 꼼꼼히 점검해야 한다.

만약 직접 운영하는 것이 부담스럽다면, 간접적인 소액 투자 방식도 있다. 바로 '부동산 크라우드펀딩'과 '조각 투자'다. 인터넷 플랫폼을 통해 몇십만 원 단위로 강남 오피스 빌딩이나 주요 지역 개발 프로젝트의 일부 지분을 소유하는 투자가 유행하고 있다. 실제로 나도 소액으로 강남 지역 상업시설의 일부 지분을 소유하고 배당금을 받아본 경험이 있다. 큰 수익은 아니지만, 유명한 부동산에 내 이름 석 자를 올린 기분은 꽤 흥미로웠다.

조각 투자 역시 비슷하다. 하나의 부동산을 여러 조각으로 나누어 투자하는 방식이다. 도심 주택도 최소 100만 원에서 500만 원 정도로 지분을 가질 수 있다. 무엇보다 스마트폰 하나로 투자 상황을 쉽게 관리할 수 있어 바쁜 직장인들에게 인기가 높다.

이쯤 되면 '소액이라 큰돈 못 버는 거 아니냐?'라고 걱정할 수도 있다. 물론이다. 500만 원으로 강남 아파트를 사고파는 투자자들과 어깨를 나란히 하기는 어렵다. 하지만, 소액 투자의 진짜 목적은 거기 있지 않다. 나는 늘 부동산 상담하면서 말한다.

"부동산 투자는 결코 돈으로만 대결하는 게임이 아닙니다. 결국 경험과 지식, 그리고 시장의 흐름을 읽는 감각이 중요하죠. 500만 원의 작은 투자금으로 시작하더라도, 그 경험이 훗날 5천만 원, 5억 원의 투자로 이어질 수 있는 소중한 첫걸음입니다."

당신이 지금 가진 돈이 적다고 걱정하지 말자. 중요한 것은 얼마나 현명하게 그 돈을 활용하느냐. 500만 원으로도 충분히 빌라 투자나 단기 임대 사업을 시작할 수 있고, 경험을 쌓으며 다음 단계로 나아갈 수 있다. 오늘 당장 내가 가진 소액으로도 부동산 투자의 문을 두드려 보자. 첫 투자가 바로 더 큰 부동산 성공을 위한 튼튼한 초석이 되어줄 것이다. 끝으로 소액 투자에서 꼭 기억해야 할 팁을 소개한다.

입지를 철저히 따지자.
초기 비용을 최소화하자.
실패에 대한 두려움보다 배우는 경험을 소중히 하자.

결국 부동산 투자는 소액이나 고액이냐의 문제가 아니다. 내가 얼마나 준비하고 배웠느냐가 진정한 성공의 열쇠다. 작지만 가치 있는 도전을, 지금 바로 시작해 보자.

대출로 투자금 만들기
요령

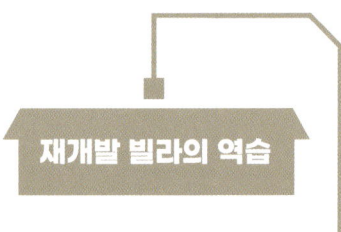

재개발 빌라의 역습

"내 집 마련에 성공했다. 이제 미래를 위해 작은 수익형 부동산 정도는 도전해도 되지 않을까?"

이런 생각으로 투자에 두 번째 행보하는 사람이 많다. 그러나 아파트를 마련한 이후, 두 번째 투자로 가는 길에는 예상보다 큰 장벽이 기다리고 있다. 그 중 가장 큰 벽은 바로 '대출'이다. 대출은 단순히 돈을 빌리는 수단이 아니라, 투자 설계의 핵심 전략이다. 소득 구조와 기존 부채를 어떻게 정리하느냐에 따라 가능성이 달라지고, 같은 조건에서도 결과는 크게 차이가 난다. 결국, 대출은 막힘이 아니라 새로운 기회를 여는 열쇠가 될 수 있다.

집이 있는데도 대출이 어렵다고요?

　40대 초반의 직장인인 S씨는 몇 년 전 수도권 외곽에 아파트 한 채를 샀다. 아직 대출이 일부 남아있었지만, 꾸준히 원리금을 상환하고 있었고, 안정적인 직장 덕분에 소득도 충분했다. 그는 자신감을 느끼고 이번에는 서울 도심 내 오래된 빌라를 매입하여 재개발도 노리고 월세 수익을 내겠다는 계획을 세웠다. 그러나 은행을 찾은 그는 예상과 달리, 은행 측에서 돌아온 답변은 냉정했다.

　"추가 담보대출은 어렵고요 DSR 규제 때문에 대출 한도가 크게 제한됩니다."

　DSR은 총부채원리금상환비율(Debt Service Ratio)의 줄임말로, 개인이 갚아야 할 모든 대출의 원리금 상환액이 소득에서 차지하는 비율을 뜻한다. 이 비율이 높으면, 대출을 새로 받기 어렵거나 한도가 줄어든다.

　왜 기존의 아파트가 자산이 아니라 부채일까? S씨는 처음엔 이해하기 어려웠다. 이미 집을 가지고 있는 자신이 왜 더 많은 대출을 받을 수 없는지 이해하기 힘들었다. 하지만 은행은 그의 아파트를 자산이 아니라 부채를 발생시키는 요소로 보았다. 기존의 주택담보대출 잔액이 그대로 총부채에 포함되었고, 새로운 담보대출을 받으면 DSR(총부채원리금상환비율) 40퍼센트 제한을 초과해 버렸기 때문이다. 은행 처지에서는 그가 추가로 빚을 갚을 능력이 부족하다고 판단한 것이다. 게다가 1주택이 있는 S씨로서는 추가 주택을 위한 대출은 안 해주겠다는 것이 은행의 입장이었다.

부동산 투자 성공을 위한 금융 지식 쌓아야

당황한 S씨는 신용대출까지 알아봤다. 그러나 기존에 주택담보대출이 있다는 이유로 신용대출 한도마저 제한적이었다. 게다가 정부의 다주택자 규제까지 더해지자 결국 그는 투자 계획을 포기할 수밖에 없었다.

"돈이 없어서가 아니라 제도를 잘 몰라서 못 사는 느낌이었어요. 첫 번째 집이 두 번째 집을 막는 족쇄가 될 줄은 몰랐죠."

S씨 사례는 단순한 실패 이야기가 아니다. 두 번째 부동산 투자를 계획하는 사람이라면 반드시 다음 세 가지를 기억해야 한다.

1 자신의 DSR을 정확히 계산하라

기존 주택담보대출이 남아있다면, 총소득 대비 원리금 상환액이 DSR 40퍼센트 한도를 넘지 않도록 철저히 시뮬레이션해야 한다.

2 투자 대상의 실제 감정가를 미리 파악하라

노후빌라나 다세대 주택은 실제 매매가격보다 감정가가 낮게 책정되어 예상보다 대출 가능 금액이 적을 수 있다.

3 신용대출에 지나치게 의존하지 말고, 보수적인 지렛대 계획을 세워라.

기존 대출이 있다면 신용대출 역시 제한적일 수밖에 없다. 처음부터 현실적인 투자 규모를 설정하는 것이 중요하다.

사람들은 첫 번째 집만 마련하면 이후의 투자 과정이 쉬워질 것이라 착각한다. 하지만 현실은 S씨의 사례처럼 기존 자산이 새로운 기회를 방해하는 장애물로 작용할 수도 있다. 부동산 투자에서 대출은 단순한 돈이 아니라 '전략'이다. 소득 구조, 기존 대출 잔액, 담보 가치, 정부의 규제 등 복잡한 요소들이 얽힌 퍼즐과 같다. 더욱이 2025년 6월 말 정부는 6억 원 대출금액 제한 조치까지 단행했다.

투자 경험이 늘어날수록 더욱 철저한 준비와 분석이 필요하다. 두 번째 부동산 투자를 망설이고 있다면, 지금부터 금융 지식을 탄탄히 다져야 한다. 부동산 투자에서 '준비 부족'은 언제나 가장 값비싼 대가로 돌아오기 때문이다.

2억 원으로
서울의 미래를 사는 법

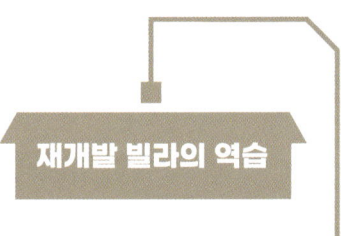

서울에서 집을 구하려면, 특히 아파트는 최소한 10억 원은 있어야 한다는 말이 흔해졌다. 대다수가 서울에서 내 집 마련은 이미 늦었다고 생각한다. 특히 강남이나 성동, 용산 등 인기 지역은 집값이 상상 이상으로 올랐다.

하지만 아직도 서울의 중심지, 그것도 입지 좋은 곳에서 2억 원 미만으로 진입할 수 있는 부동산이 남아있다면 믿을 수 있을까? 사실이다. 그것이 바로 낡은 빨간 벽돌 빌라와 같은 저층 주택이다.

놓치고 있던 서울 중심지의 빌라

서울 노원구에 사는 50대 Y씨는 최근 부동산에 관심을 두기 시작했다. 아이들이 성인이 되면서 노후 대비가 절실해졌기 때문이다. 처음엔 당연히 아파트를 떠올렸지만 이미 가격은 천정부지로 치솟았다. 그는 평소 '신촌-홍대' 지역을 진지하게 바라보게 됐다.

"신촌은 그냥 젊은이들 놀이터 아닌가?"

Y씨의 생각은 필자의 매주 한 번 하는 필자의 부동산 세미나에 참석한 후 바뀌기 시작했다. 연세대, 서강대, 이화여대가 몰려 있는 신촌은 문화와 예술, 젊음이 넘치는 거리지만, 골목 안으로 한 걸음만 들어가면 20년, 30년 넘은 낡은 빌라들이 즐비한 주거지역이 펼쳐진다. 사람들의 관심에서 멀어진 낙후된 공간, 김씨는 이곳을 걸으면서 '잠자는 땅'을 발견했다.

▲ 이 장면에서 보듯 빌라는 미래의 아파트로 언제든지 변할 수 있다.

서울의 중심에 있으면서도 아직 개발되지 않은 낡은 빌라촌이 생각보다 많았다. 중요한 건, 이런 지역은 서울시가 진행하는 다양한 도시재생 프로젝트와 맞물려 이제 막 주목받고 있다는 점이다. 서울시는 다양한 재개발, 재건축 정책으로 낡은 주거지를 체계적으로 개발하고 있다. 이제는 서울 도심 안에서 낡은 빌라들이 투자처로 주목받는 시대가 됐다.

빌라, 재개발의 가장 좋은 출발점

빌라는 투자자들에게 최적의 초기 진입 수단이다. 신축 아파트나 대규모 상가와 달리 적은 자본으로도 매입을 노려볼 수 있기 때문이다. 특히나 서울 중심지에서도 2억 원 이내로 매수할 수 있는 매물이 여전히 존재한다는 점은 중요하다.

실제 신촌이나 홍대 일대에서 빌라는 2억 원 전후로 살 수 있다. 비인기 매물로 여겨지지만, 이는 반대로 큰 기회라는 것을 의미한다. 과거 성수동이나 한남뉴타운, 망원동이 그러했다. 처음엔 낡고 불편한 주택가였지만, 몇 년이 지나자, 서울의 가장 인기 있는 지역으로 탈바꿈했다. 초기 진입자들은 적은 비용으로 큰 이익을 얻었다.

서울의 부동산 시장에서 재개발은 늘 큰 수익을 가져왔다. 재개발이 이루어진 지역은 적게는 몇 배, 많게는 수십 배의 가격 상승이 있었다. 중요한 건 아직 이들 빌라의 가격이 비교적 저렴하다는 사실이다. 개발이 확정되고 나면, 가격이 오르는 건 순식간이다.

Y씨는 최근 몇 가지 뉴스를 접하고 확신을 얻었다. 신촌 지역의

경의선 지하화 사업과 연세 대역 신설 계획이었다. 이 두 가지 호재는 단순한 교통 개선이 아니다. 주변 지역 전체의 가치를 높이고 개발 속도를 촉진하는 강력한 신호였다.

그는 달라진 시각으로 동네를 다시 바라보기 시작했다. 낡은 담벼락 뒤에 숨어 있는 빌라들이 이제는 미래의 고층 아파트 단지로 보이기 시작한 것이다. 그는 인근 부동산 사무소를 방문해 조심스럽게 물었다.

"이 동네 빌라는 재개발 가능성이 있나요?"

부동산 중개인은 망설임 없이 대답했다.

"이미 시작됐어요. 지정이 거의 될 듯하고, 지금 사려는 사람들도 많아요."

Y씨는 더 이상 고민하지 않았다. 바로 아내에게 말했다.

"지금이 기회야. 용기가 필요할 때가 온 거지."

부동산 투자는 결국 타이밍과 용기의 문제다. 모두가 관심을 가질 때는 이미 늦었다. 남들이 아직 눈치채지 못한 지역, 그것이 바로 2억 원으로 가능한 서울 중심지의 빌라 투자다. 수년 뒤 그 빌라 자리에 세워진 새 아파트 단지를 보며 사람들은 이렇게 말할 것이다.

"그때 2억 원으로 사야 했는데."

서울의 중심에서 2억 원으로 미래를 살 수 있는 기회가 아직 남아 있다. 그 문은 빨간 벽돌 빌라의 낡은 담벼락 뒤에 조용히 숨어 있다. 지금 용기를 내어야만, 미래의 후회 대신 성공의 열매를 맛볼 수 있다.

부동산 핵심 용어와
등기부등본 활용 전략

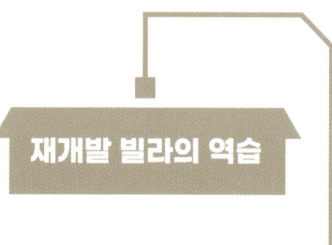

재개발 빌라의 역습

부동산 투자를 시작하려는 사람에게 큰 장애물 중 하나는 어렵고 복잡한 전문 용어들이다. '전세가율', '근저당권' 등 낯선 단어들 앞에서 지레 겁먹고 포기하는 사람들이 적지 않다.

부동산 초보자들이 꼭 알아둬야 할 기본 중에서도 기본에 해당하는 용어들과 등기부등본을 쉽게 읽는 방법을 정리해 보았다. 두어 번만 찬찬히 이해하며 읽어보면 다음에는 부동산 관련 서류나 책도 편안하게 읽게 될 것이다.

부동산 기초 용어 다섯 가지

전세가율

가장 쉽게 말해, 매매가격 대비 전세 보증금이 차지하는 비율이다. 예를 들어 빌라 가격이 1억 원이고 전세가 8,000만 원이면 전세가율은 80퍼센트다. 전세가율이 높으면 내 돈을 적게 들이고 투자가 가능해지기 때문에 갭투자자들이 중요하게 여긴다.

갭투자

갭투자는 매매가격과 전셋값의 차이(갭)를 이용한 투자 방법이다. 빌라 가격이 1억 원이고 전세가가 9천만 원이라면, 내 돈 천만 원만으로 해당 빌라를 소유할 수 있게 된다. 이렇게 적은 돈으로 집을 사서 시세차익을 노리는 것이 갭투자다.

공실률

공실률은 전체 임대 가능한 주택 중 빈집의 비율이다. 공실률이 높다는 건 세입자를 구하기 어렵다는 의미이므로, 빌라 투자 시 가장 주의해서 봐야 할 수치 중 하나다. 특히 지방의 원룸이나 소형 빌라는 공실률 체크가 필수다.

재개발과 재건축

재개발은 오래된 주택가를 허물고 아파트나 빌라를 새롭게 짓는 사업이고, 재건축은 노후화된 아파트 단지를 다시 짓는 것을 말한다.

재개발이나 재건축 가능성이 높은 지역은 시세가 크게 오를 수 있어 투자자들이 관심을 가진다.

근저당권

돈을 빌려준 사람이 나중에 돈을 돌려받지 못할 경우를 대비하여 부동산을 담보로 설정해 놓는 권리다. 쉽게 말하면 빚이 있다는 표시다. 근저당권이 설정된 부동산은 거래 시 주의가 필요하며, 반드시 등기부등본을 통해 확인해야 한다.

등기부등본 살펴보기

부동산을 살 때 반드시 확인해야 하는 서류가 바로 '등기부등본'이다. 등기부등본이란 한마디로 부동산의 이력서다. 언제 지어졌고, 누가 주인이며, 어떤 빚이 있는지 모두 기록되어 있다. 처음 보면 복잡해 보이지만, 사실 딱 세 가지만 점검하면 된다. 바로 '표제부', '갑구', '을구'다.

표제부 - 부동산 기본 정보

표제부는 부동산의 주소, 구조, 면적 등 기본적인 정보를 알려준다. 여기에 건축 연도와 층수, 용도(주거용, 상업용 등)가 기록되어 있어 한눈에 집의 개요를 알 수 있다.

☑ 체크포인트 실제 방문한 집의 면적이나 구조와 등기부 표제부에 기록된 정보가 일치하는지 확인하자.

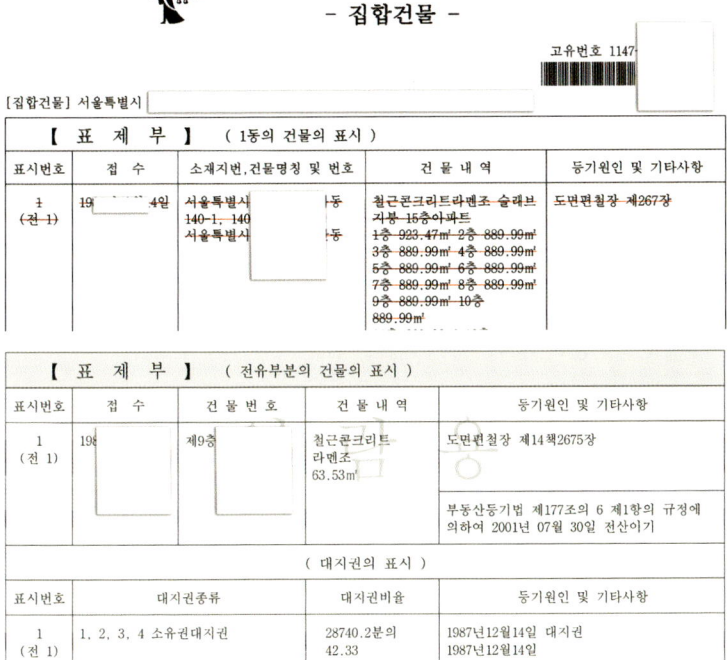

갑구 - 소유권 관련 정보

갑구는 부동산의 소유자가 누구인지, 언제 소유권이 이전되었는지, 압류나 가압류와 같은 문제가 있는지를 기록한다. 소유권 이전이 자주 있거나, 압류 기록이 있다면 주의가 필요하다.

☑ 체크포인트 압류나 가압류 표시가 없는 깨끗한 갑구를 확인해야 안전한 거래가 가능하다.

【 갑 　 구 】	(소유권에 관한 사항)			
순위번호	등 기 목 적	접 수	등 기 원 인	권리자 및 기타사항
1 (전 3)	소유권이전	19___일 제___	19___일 매___	소유자 서울___

[집합건물] 서울특별시 _____호

순위번호	등 기 목 적	접 수	등 기 원 인	권리자 및 기타사항
				부동산등기법 제177조의 6 제1항의 규정에 의하여 2001년 07월 30일 전산이기
2	소유권이전	____년__월__일	____일 매매	소유자 서울___ 102-2
2-1	2번등기명의인표시 변경	____일	____일 전거	

을구 - 근저당권 등 권리관계

을구는 가장 신중히 봐야 하는 부분이다. 여기에 근저당권, 전세권 등 담보로 잡혀 있는 권리들이 기록된다. 쉽게 말하면 이 집에 빚이 얼마나 있는지 알려주는 부분이다. 예를 들어, 근저당권 설정이 5천만 원이라면, 집주인이 그만큼 빚을 지고 있으며 거래 시 반드시 해결해야 할 부분이다.

☑ **체크포인트** 근저당권 금액이 지나치게 많다면 거래를 신중히 판단하거나, 매수 전 반드시 근저당권이 해지되는 조건을 계약서에 명시해야 한다.

【 을 　 구 】	(소유권 이외의 권리에 관한 사항)			
순위번호	등 기 목 적	접 수	등 기 원 인	권리자 및 기타사항
1	근저당권설정	20___일 제___호	20___일 설정계약	채권최고액 금___ 채무자___

▲ 등기원인이 소멸되면 이렇게 빨간 선으로 표시된다.

등기부등본 활용법

등기부등본을 확인할 때는 다음과 같은 절차를 거치면 좋다.

지금까지 부동산 투자 초보자라면 반드시 알아야 할 기본 용어들과 등기부등본을 쉽게 읽는 방법을 살펴봤다. 처음 보는 용어에 당황할 필요 없다. 사실 부동산 용어는 직접 실전 투자에 참여하면서 자연스럽게 익숙해지는 경우가 대부분이다. 무엇보다 중요한 것은, 현장에 직접 가서 눈으로 확인하는 것이다. 직접 현장을 돌아다니고, 중개사와 소통하고, 등기부등본을 실제로 열어보며 경험을 쌓으면 어느새 어려웠던 부동산 용어들이 친숙하게 느껴질 것이다. 부동산 초보를 벗어나는 길, 결국 용기를 내 실천하는 것부터 시작한다.

지금 바로 도전해 보자!

빌라 투자까지 가는
A to Z 로드맵

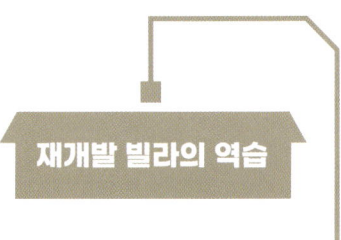

재개발 빌라의 역습

부동산 투자에 막연한 두려움을 가진 사람들이 많다. 특히 처음 시작하는 사람들에게는 더 그렇다. 흔히 부동산 투자를 아파트 중심으로만 생각하기 때문인데, 빌라 투자는 오히려 소액으로 시작할 수 있고, 접근성도 좋아 입문자에게 아주 적합한 방법이다.

이번에는 철저하게 실전 중심으로 '3개월 안에 빌라 투자'를 완성하는 현실적인 로드맵을 제시해 보겠다.

기초 다지기 — 빌라 시장 이해하기

1개월 차 로드맵: 빌라 시장 파악하기

빌라 투자는 아파트와는 확실히 다르다. 같은 부동산이라 해도 접근법, 수익성, 관리 방식 모두 차이가 있다. 그래서 첫 번째 달은 반드시 빌라 시장의 기초를 탄탄히 다지는데 투자해야 한다. 우선 해야 할 것은, 빌라 시장의 특징을 파악하는 것이다. 아파트와 달리 빌라는 전세가와 매매가의 차이가 작은 곳이 많다. 이런 지역에서는 소액으로도 갭투자가 가능하므로 더욱더 매력적이다. 특히 서울 외곽 지역이나 수도권의 중소 도시, 또는 지방 도시의 경우 소액 투자의 가능성이 더욱 크다. 이 시기에는 다음 사항을 집중적으로 공부하고 이때부터 매일 관심 지역의 시세 흐름을 기록하며 감각을 키우는 것도 좋다.

- 빌라 투자 용어 및 개념 숙지 (갭투자, 전세가율, 공실률 등)
- 수도권 및 지방 주요 투자 지역 분석
- 빌라 투자의 장점과 위험 명확히 파악하기
- 관련 서적, 유튜브 채널 등 다양한 매체를 통해 기초 정보 습득하기

실전 지역 선정 및 현장 답사하기

2개월 차 로드맵: 현장 직접 확인하기

두 번째 달의 목표는, 실제 투자할 지역을 선정하고 현장 답사를 통해 감각을 키우는 것이다. 실전 투자의 성공 여부는 결국 현장에 얼

마나 익숙한가에 달려 있다. 우선 빌라 투자 목적을 분명히 정해야 한다. 단기 시세차익을 노리는지, 장기적으로 임대 수익을 원하는지 확실히 결정해야 한다. 목적에 따라 선택할 지역이 달라진다. 지역 선정시 반드시 점검해야 할 항목은 다음과 같다.

- 교통 편의성 및 앞으로의 교통 호재 가능성
- 인근 생활 편의시설 (마트, 병원, 학교 등)의 접근성
- 해당 지역의 전세가율과 공실률 파악하기
- 재개발 가능성 유무 (지자체 도시계획, 개발계획 등 확인)

지역 선정이 끝났다면, 이제 직접 현장으로 나가야 한다. 최소한 주말마다 선택한 지역을 방문해 여러 빌라를 꼼꼼히 살펴보고, 가능하다면 현지 부동산 중개사와의 대화를 통해 실전 정보를 얻는 것이 매우 중요하다. '부동산 투자에서 가장 큰 스승은 현장이다.' 실제로 발품을 팔면서 얻게 되는 생생한 정보와 감각은 그 어떤 책이나 강의에서도 얻을 수 없는 귀중한 자산이다.

매물 선정 및 계약까지 실전 투자 마무리하기

3개월 차 : 투자를 실천해보기

마지막 달의 목표는 바로 실전 투자 완료다. 이제는 책상 위의 공부에서 벗어나 실제 투자를 완성할 차례다. 이 단계에서는 철저히 수익성을 계산하여 매물을 골라야 한다. 매물 선택 시 반드시 확인해야

할 사항은 다음과 같다.

- ☑ 매매가 대비 전세가율 (갭투자 가능 여부 확인)
- ☑ 현 세입자의 보증금 상태 및 계약 기간 확인
- ☑ 매물의 등기부등본과 건축물대장을 통한 권리관계 확인
- ☑ 매물의 실제 상태 및 추가 관리비, 수리 비용 여부 점검

계약 진행 전, 중개사와 명확히 소통하며 작은 부분까지 꼼꼼히 점검하자. 특히 처음 투자할 때는 작은 실수가 큰 손실로 이어질 수 있으므로, 반드시 부동산 전문가나 경험자의 조언을 구하는 것이 좋다. 계약이 완료되었다면 세입자와의 관계 형성도 중요하다. 빌라 투자 수익의 상당 부분은 세입자 관리 능력에 달려 있다. 편안한 관계 유지와 정기적인 소통을 통해 안정적인 임대 수익을 확보할 수 있다.

실전 투자를 더 완벽하게 하는 작은 팁

첫 빌라 투자를 잘 마무리하는 작은 비결들이 몇 가지 있다. 마지막 시점에서 놓치기 쉬운 것들을 꼭 확인하는 것이 그 비결이다.

- ☑ 계약서 작성 시 특약사항 꼼꼼히 확인 (퇴거 시 원상복구 책임 명시 등)
- ☑ 수리비나 관리비를 최소화하기 위해 간단한 인테리어 기술 습득
- ☑ 지역 커뮤니티 활동을 통해 현지 주민들과 친밀한 네트워크 구축
- ☑ 임대차법, 세법 기초 지식 습득 (임대 수익 과세, 보유세 등)

내가 사는 집은 편안함과 생활의 질을 기준으로 선택하고, 투자용 부동산은 수익률과 미래 가치만으로 판단해야 한다. 이 둘을 섞어 버리면, 결국 감정이 개입되어 합리적인 판단을 놓치게 된다. 주거와 투자를 분리하는 순간부터 돈의 흐름이 명확해지고, 장기적인 자산 증식의 길이 열리게 된다. 부동산의 본질은 결국 숫자와 데이터 위에서 움직인다는 사실을 잊지 말아야 한다.

실제 투자를 성공적으로 마무리했다면, 여기서 끝내지 말고 반드시 투자 과정을 기록하고 분석하는 습관을 들이자. 어떤 과정에서 잘했는지, 어떤 부분이 부족했는지를 메모하면 다음 투자에서 큰 자산이 된다. 처음의 소액 투자에서 성공적 경험을 쌓으면, 이후의 큰 투자에서도 자신감을 가지고 과감하게 접근할 수 있다. 지금부터라도 작게 시작하고, 확실하게 실천하자. 부동산 투자, 더 이상 어렵고 두려운 일이 아니다. 단 3개월이면 누구나 실전 빌라 투자를 할 수 있다는 자신감을 가지게 될 것이다. 빌라 투자의 첫걸음, 이제 여러분 차례다. 지금 바로 시작해 보자.

주거와 투자를 분리하는 이유

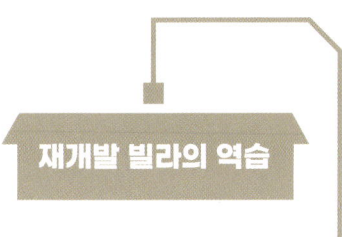

재개발 빌라의 역습

부동산을 바라보는 관점은 크게 두 가지로 나눌 수 있다. 하나는 편안한 생활을 위한 '주거'의 공간이고, 다른 하나는 돈을 벌기 위한 '투자'의 수단이다. 이 두 가지 목적을 혼동하거나 무의식적으로 하나로 묶어 생각하는 이들이 많다.

하지만 성공적인 투쟈를 이끈 경험을 가진 투자자들은, 현명한 투자는 주거와 투자를 명확하게 분리해서 바라보는 것이라고 말하고 있다.

주거는 감정, 투자는 이성의 문제

주거 공간은 사람이 살아가는 곳이다. 따라서 집을 선택할 때는 필연적으로 감정적이고 주관적인 요소가 강하게 작용한다. 가령, 직장과의 거리, 아이가 다닐 학교, 가족의 편의성 등 삶의 질을 중심으로 결정한다. 좋은 집이란 결국 가족의 행복과 안정을 보장할 수 있는 공간이다.

반면, 투자는 완전히 다르다. 투자는 철저히 이성적 판단이 있어야 하는 활동이다. 투자에서 가장 중요한 기준은 수익성과 위험, 경제적 타당성이다. 시장 상황과 객관적 데이터를 철저히 분석한 후 냉정하게 판단하고 결정해야 한다. 그러나 실제 살 집을 구할 때 투자적 관점을 지나치게 고려하거나, 반대로 투자 목적으로 산 집에서 억지로 거주까지 해결하려고 시도하는 경우가 허다하다. 그렇게 되면 투자와 주거, 둘 다 만족스럽지 못한 결과로 이어질 공산이 크다. 주거의 만족도와 투자 수익성은 거의 일치하지 않기 때문이다.

부동산 투자의 본질은 객관적 시장 분석이다. 주변 시세, 입지의 변화 가능성, 교통 호재, 재개발 가능성 등을 냉정하게 따져봐야 한다. 이 과정에 감정이 개입되면 정확한 판단을 내리기 어렵다.

예를 들어보자. 투자 목적으로 구매한 아파트가 자신과 가족이 거주하기에 너무 좋다면, 가격이 충분히 올라 팔아야 하는 시점에서도 감정적 애착 때문에 결정을 미루게 된다. 그렇게 좋은 매도 타이밍을 놓칠 수도 있다. 반대로, 주거 목적으로 산 집의 가격이 하락하면, 가족들이 매우 만족스럽게 살고 있음에도 불구하고 불안감 때문에 성급히 매도하는 잘못된 결정을 내릴 수 있다.

바로 이런 이유에서 투자 전문가들은 반드시 주거와 투자를 분리해야 한다고 강조한다. 투자 목적의 부동산은 숫자와 타이밍, 객관적 데이터만을 기준으로 접근해야 최적의 결과를 얻을 수 있다.

주거 만족도와 투자 효율성의 극대화

주거와 투자를 분리하면 삶의 만족도와 투자 효율성이 극대화된다. 자신의 예산 내에서 투자성이 뛰어난 지역에 소형 아파트나 빌라를 구매하여 임대 수익과 시세차익을 기대할 수 있다. 그리고 실제 거주할 집은 교통과 교육환경이 우수한 지역에서 전세나 월세로 선택하면 된다. 이렇게 하면 투자 자산은 수익성을 중심으로 운용하고, 주거 공간은 자신의 라이프스타일과 행복을 기준으로 선택할 수 있어 효율성이 높아진다.

이 전략을 쓰면 주거에 투입되는 비용을 줄이고 남은 자금을 다시 투자에 활용할 수 있어 자산을 빠르게 늘릴 수 있다. 반대로 무리하게 주거와 투자를 동시에 해결하려다 보면 결국 두 마리 토끼 모두를 놓칠 위험이 커진다.

또한, 주거와 투자를 분리하는 것은 위험 관리 차원에서도 매우 중요하다. 만약 투자 목적으로 산 집에서 동시에 거주하고 있다면, 부동산 시장 변동에 매우 취약해진다. 집값 하락이 생활의 불안정과 스트레스로 직결되기 때문이다. 그러나 투자와 주거를 명확히 분리하면, 설령 투자한 집의 가치가 떨어지더라도 생활의 질이 직접적으로 영향을 받지 않는다. 즉, 주거 공간은 언제나 안정적으로 유지되기 때문에 삶의 안정감과 심리적 여유를 유지할 수 있게 된다.

또 하나, 주거와 투자를 분리하면 목표 설정과 자산 관리가 매우 명확해진다. 투자 자산은 수익률과 시장 데이터를 중심으로 관리하고, 주거 자산은 가족의 삶의 질과 편안함을 중심으로 관리하면 된다. 목적과 기준이 명확히 나뉘어져 관리의 효율성이 높아진다.

결국 주거와 투자를 분리하는 전략은 단지 자산 증식만을 위한 것이 아니라, 행복한 삶을 위한 현명한 선택이기도 하다. 다시 말하지만, 주거는 감성적인 결정의 영역이며, 투자는 철저히 이성적인 결정의 영역이다. 이 두 가지를 분명히 구분하고 분리하는 것만으로도 삶의 질과 투자 수익이라는 두 가지 목표를 동시에 충족할 수 있다.

부동산 시장에서 현명한 투자자가 되고 싶다면, 반드시 이 원칙을 기억해야 한다. 주거와 투자를 혼동하는 순간, 감정과 이성이 충돌해 판단력이 흐려진다. 이 간단한 원칙만 잘 지킨다면, 더 빠르고 안정적으로 자산을 불려 갈 수 있을 뿐 아니라, 동시에 행복하고 안정된 삶도 함께 누릴 수 있을 것이다.

재개발과 빌라 투자의
함수관계

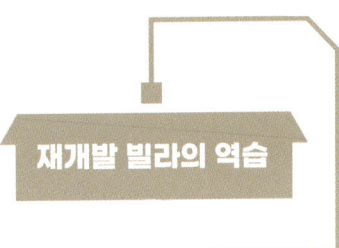

재개발 빌라의 역습

빌라는 더 이상 단순히 '사는 곳'이 아니다. 이제 빌라는 재개발이라는 커다란 변화의 흐름 속에서 투자와 자산 증식의 중심축으로 자리 잡았다. 빌라와 재개발은 서로 긴밀하게 연결되어 마치 함수처럼 움직인다. 이 함수관계를 잘 이해하고 타이밍을 잡으면, 생각보다 빠르게 자산을 불릴 수 있다.

많은 사람이 재개발 투자를 어렵고 복잡한 것으로 여긴다. 물론 재개발은 장기적인 시간과 복잡한 절차를 요구한다. 하지만 모든 과정을 다 알 필요는 없다. 가장 중요한 것은 정확한 타이밍이다. 즉, 어느 시점에 들어가고, 어느 시점에 빠져나올지를 판단하는 것이 핵심이다.

재개발 투자에서 가장 중요한 시점

재개발은 보통 다음의 순서를 따른다.

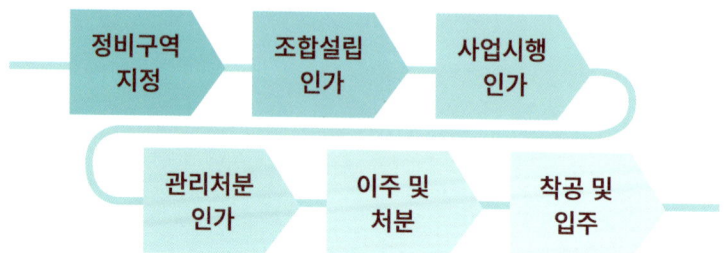

이 중에서 가장 안정적이고 확실한 투자 타이밍은 바로 조합설립 인가 이후다. 이 단계에서부터는 법적 기반이 확고해지고, 사업 추진이 탄력을 받기 때문에 리스크는 줄고, 수익성은 높아진다. 특히 관리처분인가가 나면 감정평가와 분담금이 사실상 결정돼 수익을 명확히 예측할 수 있다. 물론, 안정성이 높아지는 만큼 가격도 올라가기 때문에 이 균형을 잘 잡는 게 투자자의 역량이다. 실제로 일부 구역에서는 소액으로 1년 만에 두 배 가까운 수익을 내는 사례가 다수 있다. 이처럼 재개발은 투자 타이밍만 정확히 잡으면 충분히 성공할 수 있는 분야다.

재개발 투자 타이밍을 정확하게 판단하려면 서울시에서 제공하는 클린업시스템을 활용하는 게 좋다. 클린업시스템을 통해 구역별로 진행 상황을 정확히 확인할 수 있고, 어떤 구역이 빠르게 사업이 진행되고 있는지 한눈에 볼 수 있다. 가령 어떤 지역은 정비구역 지정 후 불과 6개월 만에 조합설립 인가를 받지만, 다른 지역은 몇 년이 지나도 첫 총회조차 열지 못하는 경우가 있다. 이런 진행 속도의 차이가 바로 투자 타이밍을 결정하는 핵심이다.

서울 안에서 입주권 확보를 목표로 한다면 최소 3억 원 후반~4억 원 초반은 준비해야 한다. 특히 노량진 뉴타운 같은 좋은 입지라면 8억 원 이상의 투자금이 필요하기도 하다. 하지만 소액 투자를 원한다면 반드시 중심 지역을 선택할 필요는 없다. 인근의 상대적으로 저렴한 구축 아파트나 주변 빌라를 이용한 '갭투자'도 좋은 방법이다. 이 방법은 인근 지역의 개발과 맞물려 상승효과를 얻을 수 있다.

또한 지방에도 주목할 만한 지역들이 있다. 인천 일부 지역에서는 1억 원 초반으로도 투자가 가능하며, 특히 조합설립인가가 끝난 곳은 비교적 안정적인 수익을 기대할 수 있다. 하지만 초기 단계일수록 위험이 존재하므로, 너무 서둘러 들어가는 것은 피해야 한다.

▲ 서울의 재개발 직전의 한 빌라 모습

재개발 투자에서 주의할 사항

모든 투자가 그렇듯 재개발 투자에서도 반드시 조심해야 할 부분이 있다. 입주권이 나오지 않는 '물딱지' 매물이나 무허가 주택, 공공 재개발 지역 등은 피해야 한다. 또 조합원 지위 양도 여부나 재당첨 제한 조건 등도 꼼꼼히 살펴야 한다. 특히 부동산 중개사의 말만 믿고 섣불리 계약하지 말고, 반드시 전문가와 함께 검토하는 과정이 필요하다.

재개발 투자에서 타이밍은 생각보다 결정적이다. 영등포 뉴타운에서는 조합설립 총회 하루 전에 빌라를 매입한 투자자가 불과 3개월 만에 8,000만 원의 차익을 얻은 사례가 있다. 그가 주목한 단 한 가지 정보는 조합설립 동의율이 75퍼센트를 넘었다는 것이었다. 이 짧은 정보 하나가 결국 큰 차이를 만들어냈다.

결국, 재개발과 빌라는 더 이상 전문가나 일부 투자자의 전유물이 아니다. 누구나 정보만 충분히 습득하고 흐름을 파악한다면 충분히 도전할 수 있는 영역이 됐다. 빌라는 단순한 거주 공간을 넘어, 미래 자산으로의 도약을 준비할 수 있는 강력한 투자 수단이다. 재개발과 빌라의 함수관계를 명확히 이해하고, 지금 한 걸음 내디딘다면, 재개발 투자의 혜택을 가장 먼저 누리는 사람이 될 수 있다. 지금이 바로 그 타이밍이다.

임장 횟수가
결과로 이어진다

재개발 빌라의 역습

빌라 투자에 성공한 사람들에게 공통으로 발견되는 한 가지가 있다. 그것은 다름 아닌 '임장(현장 조사)'이다. 빌라 투자의 초보자들은 흔히 말한다. "요즘은 인터넷으로도 충분히 정보를 얻을 수 있는데 굳이 현장까지 가야 할까요?" 물론 인터넷과 각종 앱을 통해 기본적인 시세 파악과 정보 습득은 가능하다.

하지만 실제 현장에 가보지 않고 얻는 정보만으로는 빌라 투자의 진짜 기회를 잡기 어렵다. 빌라는 아파트처럼 시세나 구조가 획일적이지 않고 개별성이 강하기 때문이다.

현장에서 얻은 재개발 정보

필자는 최근 서울 관악구 일대의 빌라 지역에서 흥미로운 경험을 했다. 온라인에서는 저평가된 지역으로만 분류되던 빌라였지만, 직접 현장을 방문하고 나니 이야기가 달라졌다.

임장 첫날, 인터넷으로 조사했던 빌라 중 몇 곳은 도보 5분 거리라 했으나 실제로는 언덕길을 올라 10분이 넘는 거리에 있었다. 역과의 접근성은 빌라 투자에서 절대적인 요소이기 때문에, 직접 발로 걸으며 확인하지 않았다면 큰 손실을 볼 수도 있었다.

뿐만 아니라, 임장을 통해서만 얻을 수 있는 현장 정보는 많았다. 실제 중개사무소에서 만난 공인중개사는 "이 근처 빌라는 최근 신속통합기획 후보지로 검토 중이라 앞으로 1년 이내에 큰 변화가 있을 것"이라는 귀한 정보를 흘렸다.

이와 같은 정보는 온라인이나 뉴스에서 공개되지 않은 채로 시장에 은밀히 퍼져 있었다. 발품을 팔며 동네 공인중개사나 지역 주민들과 나누는 몇 마디 대화가 때로는 수백만 원, 많게는 수천만 원의 투자 수익 차이를 만들기도 한다는 것을 다시 한번 깨달은 순간이었다.

빌라 투자를 위해 임장은 다다익선이다. 임장 횟수가 누적되면서 투자자는 더욱 정교하고 치밀한 투자 계획을 세울 수 있게 된다. 두 번째 임장에서는 첫 번째에서 놓쳤던 것들을 더 꼼꼼히 살펴보게 되고, 세 번째 임장에서는 지역의 변화 속도나 분위기까지 예측이 가능해진다. 횟수가 늘어갈수록 동네의 미세한 변화를 감지할 수 있는 안목이 생기고, 이는 투자 성공 확률을 높이는 핵심 요인이 된다.

중개사와 네트워크 중요

임장을 자주 가다 보면 흥미로운 변화도 감지할 수 있다. 필자의 경우, 한 번 임장했던 동네를 한 달 뒤 다시 방문했을 때 공실이었던 빌라의 빈집들이 빠르게 채워지는 모습을 목격했다.

얼마 후 그 지역에 공공 재개발이 추진된다는 소식을 듣고 나서야, 이미 시장은 움직이고 있었음을 깨달았다. 이를 계기로 투자자 입장에서 시장의 변화는 현장에서 가장 빠르게 감지할 수 있으며, 인터넷이나 뉴스가 전해주는 정보는 늘 현장보다는 한발 늦는다는 것을 뼈저리게 경험했다.

또한, 임장하러 다니며 얻는 또 하나의 중요한 요소는 바로 중개사와의 네트워크다. 부동산 투자, 특히 빌라 투자에서 성공하는 사람들은 하나같이 지역 중개사들과 긴밀한 관계를 유지하고 있다. 중개사와 친분을 쌓으면 급매나 저렴한 매물 정보를 가장 먼저 받을 수 있게 된다.

실제로 필자가 경험한 사례에서도, 꾸준히 현장을 방문하고 중개사와 교류를 지속한 결과 좋은 위치의 급매 빌라를 시세보다 15퍼센트나 저렴하게 매입하는 행운을 얻기도 했다.

빌라 투자는 아파트 투자와 달리 현장에서의 작은 차이가 결국 큰 수익의 차이로 이어진다. 온라인 정보는 기본이지만, 결국은 현장 조사를 통해 정확한 정보를 얻고, 그 정보를 분석하여 투자 판단을 내리는 것이 중요하다. 빌라의 진짜 매력과 가능성은 현장에 있고, 그 현장은 직접 발로 걸어 다녀야만 발견할 수 있다.

임장은 단지 빌라의 위치나 상태를 점검하는 차원을 넘어서서, 투자자의 감각을 키우고 시장의 흐름을 온몸으로 익히는 과정이다. 임장을 통해 투자자는 시장의 변화에 민감하게 반응하고, 앞으로의 기회를 예측할 수 있는 직관과 안목을 얻게 된다. 이것이 바로 '빌라는 발로 투자한다'라는 말이 가지는 진짜 의미다.

지금이라도 빌라 투자에서 수익을 높이고 싶다면 임장을 시작하라. 횟수가 쌓일수록 당신의 투자 안목은 깊어지고, 그 결과 빌라는 당신에게 반드시 보답할 것이다. 발품이 쌓이는 만큼, 수익의 가능성도 높아진다는 진리를 다시 한번 강조하고 싶다.

3
PART

성 공 하 는
빌 라 투 자 전 략

입지·가격·상권이
좋은 빌라를 고르자

재개발 빌라의 역습

빌라를 구매하더라도 단순히 주거 공간으로 편리한가만 따지기 보다 다른 차원도 살펴보면 좋다. 사는 동안 나의 일상과 건강에 피해를 주지 않는 공간이면서도, 언젠가 떠날 때도 어려움이나 손해가 없어야 한다. 이렇게 주거와 투자 측면 모두 염두에 두어야 한다.

그래서 '좋은 빌라'를 고르는 일에는 입지, 가격, 상권이라는 세 가지 축의 균형 잡힌 분석이 필요하다. 입지는 교통과 학군, 생활 인프라의 미래 가치를 담보하고, 가격은 리스크를 최소화하며, 상권은 세입자의 수요를 보장한다. 이 세 가지 기준이 맞아 떨어져야 빌라는 '사는 집'에서 '가치를 키우는 자산'으로 변한다.

보이는 것보다 중요한 것

빌라의 입지는 단순히 '어느 동네'인지가 아니라, 그 동네 안에서도 어느 골목에 자리 잡고 있느냐가 더 중요할 수 있다. 서울처럼 밀도 높은 도시에서는 건물 하나 차이로 채광이 달라지고, 골목 하나 건너면 주차가 아예 불가능해지는 일도 있다.

입지를 볼 때는 우선 대중교통 접근성을 확인해야 한다. 지하철역까지 도보 10분 이내, 주요 버스 정류장과의 거리도 중요하다. 지금은 자차가 있더라도, 향후에 차량 없는 세입자에게 임대를 줄 수도 있고, 매도 시점에서 이 조건이 가격 경쟁력이 되기 때문이다. 특히 2호선, 7호선 같이 순환 구조를 가진 노선은 출퇴근 수요가 꾸준하므로 지하철역과의 거리 5분 이내면 플러스 요인이 된다.

▲ 빌라가 밀집되어 있는 서울의 빌라촌. 빌라는 입지가 중요하다.

또 하나 간과하기 쉬운 부분은 '개방감'이다. 창문을 열었을 때 맞은편 건물 벽이 바로 보이면 아무리 남향이라도 소용없다. 다세대 밀집 지역이라 하더라도, 코너에 자리 잡고 있거나 주변 건물이 낮아 시야가 트인 집은 체감 거주 만족도가 훨씬 높다.

빌라의 경우 평수가 지나치게 넓은 집보다는, 방 3개 화장실 2개 구성의 중형 크기가 가장 수요가 많다. 넓은 집은 매수자층이 제한적이고, 초기 구매 가격 대비 매도 시점에서 손해 보는 경우도 생기기 쉽다. 반면 중형 크기는 신혼부부나 3~4인 가족 모두에게 수요가 꾸준하다.

가격만 보고 가장 저렴한 매물을 고르면 문제가 생긴다. 구조가 비정상적이거나, 주차장이 협소하거나, 골목이 너무 좁은 경우가 많다. 반대로 너무 비싼 매물은 실거주 목적보다 과도한 투자 심리가 반영되어 있을 수 있으므로, 가격대는 동일 지역 유사 매물의 시세 범위 안에서 고르는 것이 안전하다.

생활이 움직이는 동선 안에 있는가?

아무리 집이 좋아도, 편의점 하나 없는 골목에 자리 잡고 있다면 생활이 불편하다. 특히 어린 자녀가 있는 가정이라면 더 그렇다. 좋은 빌라는 단순히 고급스러워 보이는 집이 아니라, 생활이 자연스럽게 연결되는 공간이다.

가까운 거리에 마트, 병원, 약국, 어린이집, 초등학교, 세탁소 같은 생활밀착형 시설이 모여 있으면 좋다. 이런 시설은 단순 편의 차원을 넘어, 해당 지역의 거주 수요를 결정짓는 핵심 요소가 된다. 특히 도보 5분 이내에 어린이집이나 학교가 있으면 신혼부부나 젊은 가족 층의 선호도가 확 올라간다.

　상권도 무작정 큰 것이 좋은 건 아니다. 유흥시설이나 밤늦게까지 시끄러운 상권은 거주 만족도를 떨어뜨리고, 장기 보유에도 부정적인 영향을 미친다. 동네 커피숍, 작은 헬스장, 필라테스, 프랜차이즈 편의점 같은 조용한 상권이 밀집된 곳이 오히려 더 안정적이다.

　입지, 가격, 상권. 이 세 가지는 각각 따로 존재하는 요소 같지만, 사실은 하나로 연결되어 있다. 교통이 좋으면 상권이 생기고, 상권이 생기면 수요가 많아져 가격이 오른다. 반대로 교통이 나쁘면 아무리 싼 가격이어도 향후 매도에 어려움이 생길 수 있다.

　따라서 빌라를 고를 때는 이 세 가지 항목이 서로 어떤 관계를 맺고 있는지를 분석하고 시간이 흘러도 매력적인 집을 고르는 안목이 필요하다. 단 하나의 항목만 탁월해도 부족하고, 셋 중 하나라도 치명적인 단점이 있으면 장기적으로 손해를 볼 수 있다.

　결국 좋은 빌라란, '좋아 보이는 집'이 아니라, 내가 살면서 불편함이 없고, 나중에 팔 때도 웃을 수 있는 집이다. 지금 내게 맞는 입지에, 합리적인 가격, 그리고 작지만 살아 있는 상권이 갖춰진 빌라. 그런 집을 찾는다면, 최소한 실패하지는 않는다.

빌라 투자의
우선순위 전략

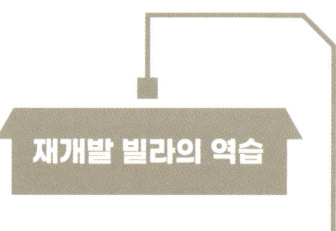

재개발 빌라의 역습

부동산 투자에서 흔히 하는 실수 하나가 있다. 입지는 좋은가, 대출은 가능한가, 건물은 신축인가, 매도 타이밍은 언제인가를 고민하면서도 정작 가장 중요한 질문을 놓치는 것이다. 그것은 바로 '왜 지금, 이 빌라에 투자하는가?'라는 질문이다.

우선순위 전략이란 단순히 해야 할 일을 정리하는 목록이 아니다. '무엇을 먼저 판단해야 하는가?'에 대한 방향 설정이다. 즉, 휴게소 맛집을 검색하고 주유소 기름값을 비교하는 것보다 중요한 건 '강원도로 갈 건지, 부산으로 갈 건지'를 먼저 정해야 한다는 이야기다. 투자도 마찬가지다. 디테일보다 방향이 먼저다.

빌라 투자의 우선순위 기준

빌라 투자를 노릴 때, 방향과 디테일 검토에 있어서 우선순위를 전략적으로 따져봐야 한다.

첫째, 지역의 미래 무대를 먼저 설정하라.

빌라는 대부분 비아파트 시장이다 보니 주변 시세나 기반보다 정책 변화에 따라 가치가 급격히 달라진다. 따라서 '지금, 이 지역이 어떤 개발의 무대 위에 서 있는가?'를 가장 먼저 확인해야 한다. 예를 들어, 모아타운 지정 여부, 신속 통합기획 진행 여부, 역세권 복합 개발지에 포함됐는지는 투자 방향성을 정해주는 핵심 정보다. 아무리 신축이라도 개발 흐름에서 벗어난 지역의 빌라는 오랫동안 저평가 상태에 머물 수 있다.

둘째, 시기(타이밍)는 가격보다 우선이다.

많은 투자자가 빌라 매입 시 '지금이 싸다'라는 이유만으로 판단한다. 하지만 진짜 중요한 건 '언제 매입하느냐'이다. 최근처럼 조정기인 시점엔 입주권 웃돈이 붙기 전, 공급이 시작되기 전의 타이밍이 핵심이다. 예를 들어 2024년 1월 이후 6억 이하 신축 빌라에 주어지는 세제 혜택은 일정 시점 이후 사라질 수 있다. 즉, 지금 매입하는 게 향후 3년의 절세 전략을 결정짓는다는 말이다.

셋째, '세금'과 '명의 전략'은 단순한 계산이 아니라 구조다.

빌라는 아파트에 비해 실거주 요건을 만들기 쉽고, 세대 분리를 통한 절세 구조도 훨씬 유연하다. 자녀 명의로 매입해 1가구 1주택 조건을 만족시키거나, 신혼부부 특별공급과 연계한 전략도 가능하다. 이때의 핵심은 명의 분산과 보유기간 관리다. 취득 단계에서 이 구조를 제대로 설계하지 않으면 나중에 '팔 때' 세금 폭탄을 맞는다. 사람들이 주로 팔 때 전략을 짜지만, 사실은 살 때 이미 결과가 정해진다.

넷째, 임대 수익의 현실성을 반드시 검토하라.

빌라는 아파트보다 공실 위험이 크다. 주변에 유사 매물이 얼마나 있는지, 월세 수요는 누구인지, 관리비와 유지비는 어느 정도인지 꼼꼼히 살펴야 한다. 특히 청년 주거단지나 대학가, 병원 근처의 단지는 수요가 안정적이지만, 외곽의 고령층 중심 지역은 공실 기간이 길어질 수 있다. 단순 수익률 수치보다 '지속가능성'을 점검해야 한다.

마지막으로, 리모델링 가능성과 확장성을 체크하라.

빌라 투자의 장점은 공간이 유연하다는 데 있다. 예를 들어 소형 빌라를 공유주택이나 게스트 하우스로 바꾸는 전략, 또는 복층구조로 리모델링해 임대 가치를 올리는 방법 등 다양한 활용이 가능하다. 단, 구조적으로 벽체 이동이 가능한지, 법적 용도 변경이 가능한지 등 사전 검토가 필수다.

투자의 무대를 정하라

실제로 서울 성북구 한 다가구 주택을 매입한 L씨는, 일반 월세 수익보다 리모델링을 통한 청년 셰어하우스로의 전환을 택했다. 초기에는 리모델링 비용이 부담이었지만, 입소문이 나면서 안정적인 월세 수익이 생겼고 매각 시점에는 프리미엄까지 붙었다. 그는 이렇게 말했다.

"나는 이 집을 샀지만, 처음부터 집이 아니라 무대를 샀다고 생각했다."

그렇다. 빌라 투자의 핵심은 단순한 '건물 매입'이 아니라 '무대 설정'이다. 지금 내가 사는 이 빌라가 앞으로 어떤 무대 위에서 어떻게 주연을 맡게 될지를 상상할 수 있어야 한다. 그 상상력은 단순한 감이 아니라, 철저한 정보와 분석에서 비롯된다.

정리하자면, 빌라 투자에서 우선순위는 다음과 같다.

1. **정책 무대 확인**
2. **타이밍 결정**
3. **명의/세금 구조 설정**
4. **임대 수요 검토**
5. **활용 가능성 체크**

이 순서를 지키는 사람은 투자하고, 이 순서를 놓치는 사람은 실수한다. 방향 없이 뛰는 디테일은 아무것도 이뤄내지 못한다.

신축 vs 구축 빌라의
투자 포인트

아파트 시장이 과열되면서 상대적으로 저평가되어 있던 빌라 시장이 주목받고 있다.

특히 서울 외곽이나 수도권 빌라는 여전히 진입 장벽이 낮고, 전세·월세 수요도 꾸준해

임대 수익을 노리는 투자자에게는 매력적인 대안이다. 하지만 막상 빌라 투자에

나서려 하면 누구나 고민하게 된다. '신축이 좋을까, 구축이 나을까?'

이 질문은 단순히 연식의 차이가 아니라, 투자 성향과 목적, 자본 규모에 따라 전혀

다른 답이 나오는 문제다. 그래서 이 글에서는 신축과 구축 빌라의 장단점을 세밀

하게 비교하고, 실제 사례를 통해 어떤 투자 전략이 현실적인지 짚어보려 한다.

외형 및 관리비에서 유리한 신축

먼저 신축 빌라의 장점을 살펴보자. 무엇보다 신축은 '보는 눈'이 다르다. 부동산 플랫폼에서 '신축'이라는 단어는 클릭률을 높이는 핵심 키워드다. 세입자들은 쾌적한 환경을 원하고, 최신 인테리어와 설비가 갖춰진 공간에서 살고 싶어 한다. 내부가 반듯하고 깔끔하다는 이유만으로도 선택받는 경우가 많다.

신축 빌라는 외형뿐 아니라 관리비 측면에서도 유리하다. 수도, 보일러, 단열 등 각종 설비가 최신이기 때문에 갑작스러운 수리나 유지비용이 들 일이 적다. 관리에 신경을 덜 써도 되는 장점이 있다. 또한 세금 계산에서도 초기 공시가격이 낮아 취득세 부담이 비교적 적은 편이다. 다만 이 점은 지역과 연식에 따라 달라지므로 꼼꼼한 확인이 필요하다.

그러나 신축도 완벽하지 않다. 우선 가격이 높다. 분양 시점에 웃돈이 붙거나, 건축업자의 중간이윤이 포함되어 시세보다 10~20퍼센트 이상 비싼 일도 있다.

필자는 몇 해 전, 구로구 가리봉동의 신축 빌라를 둘러본 적이 있다. 3년 전 2억 후반에 매입된 빌라가 3억 후반까지 가격이 뛰었는데, 인근 구축 빌라와 비교했을 때 전세 수익률은 오히려 낮았다. 결국, 신축은 실거주나 초기 관리 스트레스를 줄이고 싶은 투자자에게 유리하다. 수익률보다는 안정성에 방점을 둬야 한다.

반면 구축 빌라는 투자 관점에서 훨씬 다양한 전략이 가능하다. 우선 매입가가 낮다. 동일한 지역, 동일한 조건에서 신축보다 수천만 원 저렴하게 구매할 수 있다. 여기서 발생하는 가격 차익이 바로 투자 수익률을 결정짓는 열쇠다.

실제로 강북구 미아동의 한 20년 된 빌라 사례가 있다. 매입가는 1억 3천만 원, 내부는 오래되고 낡았지만 구조는 탄탄했다. 이 매물을 리모델링 비용 1천만 원을 들여 깔끔하게 바꾸고, 전세를 1억 6천만 원에 맞췄다. 총투자금은 2천만 원 남짓이었고, 3년 후 매도 당시 1억 9천만 원에 거래됐다. 단기간에 2배 이상의 수익을 낸 셈이다. 이런 전략은 신축에선 불가능하다.

하지만 구축은 하자 위험이 크다. 특히 누수, 곰팡이, 방음, 배관 문제는 살펴보기 전엔 알기 어렵다. 관리비도 생각보다 더 들어간다. 무엇보다 세입자들이 꺼릴 수 있다는 점이 가장 큰 단점이다. 오래된 빌라는 이미지 자체가 낡고 불편하다는 인식이 있기 때문이다.

그래서 구축 투자자는 '눈에 보이는 신축화'를 전략으로 삼아야 한다. 외관이 낡았더라도 내부를 밝고 산뜻하게 바꾸면, 신축 못지않은 경쟁력을 갖출 수 있다.

선택 1순위 기준은 입지

중요한 건, 이 모든 판단이 결국 '입지'를 바탕으로 이뤄져야 한다는 점이다. 좋은 입지란 단순히 지하철 가까운 것만이 아니다. 상권과 학군, 도로 접근성, 미래 개발계획까지 종합적으로 분석해야 한다. 신축이든 구축이든, 입지가 받쳐주지 않으면 공실 위험은 피할 수 없다.

정리하자면, 자금 여유가 있고 관리 스트레스를 줄이고 싶다면 신축이 정답이다. 반면 수익률을 높이고자 하거나 실내 리모델링 역량이 있다면 구축이 유리하다. 단, 구축의 경우 법적 문제(불법 증축, 용도 변경 등)도 꼭 확인해야 한다.

신축과 구축, 정답은 없다. 다만 본인의 투자 성향과 목적, 입지와 상품을 함께 고려한다면, 어떤 선택이든 성공 확률은 높아진다. 부동산은 타이밍이지만, 빌라는 전략이다.

수익률을 바꾸는
디테일 접근

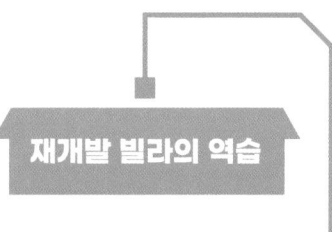

재개발 빌라의 역습

"지금이라도 내 노후를 위해 뭔가 해야 하지 않을까?" 40대를 넘어서면 한 번쯤 이런 생각을 하게 된다. 인생 후반전을 준비할 시기가 된 것이다. 하지만 준비는 생각보다 쉽지 않다. 무엇을, 어디에, 어떻게 투자해야 할지 감이 잡히지 않는다. 이럴 땐, 정답을 찾으려 애쓰기보다 '지금 내가 할 수 있는 작지만, 현실적인 선택'에 집중하는 게 좋다. 그 현실적인 선택 중 하나가 바로 '빌라 투자'다.

하지만 모든 빌라가 꿈같은 미래를 가져오지는 않는다. 사전에 세밀하게 조사하고 살필수록 좋은 투자가 될 가능성이 커진다.

반지하도 좋은 이유

요즘 아파트 가격은 너무 비싸졌다. 내 집 마련은커녕 투자라는 단어조차 멀게 느껴질 수 있다. 그런데 빌라는 다르다. 여전히 합리적인 가격으로 진입할 수 있고, 재개발이라는 가능성을 품고 있다. 특히 '층별 전략'을 알고 접근하면 수익률은 생각보다 훨씬 좋아질 수 있다.

빌라는 몇 층인지가 중요한 요소이다. 층수를 따질 때 단순히 엘리베이터가 있는가 여부만 확인할 문제도 아니다. 같은 단지, 같은 평수라고 해도 몇 층에 위치하느냐에 따라 수천만 원의 차이가 생긴다. 예를 들어 1층은 실거주자들에게 인기 있고, 반지하는 투자자들이 눈여겨볼 만한 물건이다. 3층은 재건축 시 유리한 조건을 만들어준다.

| 서울 주택 공급량 |

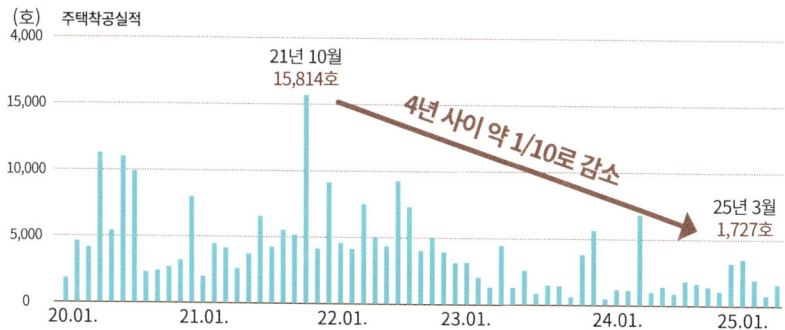

출처: 한국부동산원

이렇게 각각의 층이 가진 특성과 장단점을 이해하는 것이 빌라 투자 전략의 핵심이다. 빌라는 대부분 엘리베이터가 없다. 그렇다 보니 고층보다는 1층에 대한 수요가 많다. 특히 실거주자들에게는 편의성과 안전성 면에서 1층이 매력적이다. 누수 위험도 적다. 윗집에서 물이 새면 수리 책임은 윗집에 있으니, 1층 입주자는 상대적으로 안정적이다.

또한 1층은 주차장 필로티 구조로 되어 있는 경우가 많아, 관리 비용이 적게 든다. 임대나 매도 시에도 상대적으로 빠르게 거래가 된다. 부동산 초보자라면 1층을 눈여겨볼 필요가 있다.

반지하 하면 '습하다', '어둡다'라는 이미지가 먼저 떠오른다. 하지만 투자자의 눈으로 보면 얘기가 다르다. 반지하는 매입 가격이 상대적으로 낮다. 그런데 대지 지분은 다른 층과 똑같다. 재개발을 염두에 두고 본다면, 적은 금액으로 동일한 개발 수익을 기대할 수 있다는 뜻이다.

최근엔 감정평가 기준도 예전처럼 층수에 따라 극명하게 차별하지 않는다. 이 때문에 반지하를 저평가된 보물로 보는 시각도 늘고 있다. 실제로 남들이 피하는 곳에서 가치를 찾아내는 것이야말로 진짜 투자자의 안목이다.

빌라뿐 아니라 재건축 대상 아파트에서도 '3층'은 주목받는 층이다. 3층은 공시가격이 높게 책정되고, 감정평가에서도 우위를 점한다. 같은 평수라도 3층 소유자는 재건축 후 더 넓은 평형을 배정받는 경우가 많다.

예를 들어, 49.5 제곱미터 아파트를 소유하고 있던 사람이 재건축을 통해 132제곱미터 이상의 넓은 집으로 바뀌는 경우가 있었다. 단, 같은 3층이라도 평수가 넓을수록 유리하다는 점은 꼭 기억해 두자. 이왕 투자한다면 작은 평형보단 중간 이상으로 가는 게 유리하다.

정보는 최고의 무기다

부동산 투자에서 가장 중요한 건 '감'이 아니라 '정보'다. 빌라는 아파트처럼 매물이 풍부하지 않기 때문에 더 세심한 관찰과 분석이 필요하다. 층별 전략을 이해하고, 지역 특성을 공부하고, 시기와 흐름을 읽을 수 있어야 한다. 부동산 중개사와 자주 소통하고, 현장을 꼼꼼히 둘러보는 것이 기본이다.

서울의 한 동네, U씨는 반지하 빌라 두 채를 2억 2천만 원에 매입해 월세 100만 원의 안정적인 이익을 얻고 있다. 향후 재개발 가능성도 있는 지역이라 자산가치 상승도 기대하고 있다.

그는 말한다.

"처음엔 불안했지만, 정보를 모으고 분석하니 기회가 보였어요."

빌라 투자는 어렵지 않다. 하지만 무턱대고 덤비면 안 된다. 1층은 안정적이고, 반지하는 저렴한 진입 장벽, 3층은 미래의 가능성을 상징한다. 각각의 전략을 알고 투자에 임한다면, 당신의 노후를 지켜줄 든든한 자산이 되어줄 것이다.

지금이야말로 행동할 때다. 가장 안전하고 확실한 투자처는 결국 '내가 잘 아는 것'이다. 빌라, 알고 보면 돈 되는 투자처다. 지금 시작해 보자. 나중은 늘 지금보다 더 늦기 마련이다.

월세형 vs 매매 차익형
빌라 선택

재개발 빌라의 역습

부동산 투자는 말이 어렵지, 결국엔 '어떤 방식으로 수익을 낼 거냐?'에 대한 선택이다. 어떤 사람은 매달 월세가 꼬박꼬박 들어오는 게 좋다고 하고, 또 어떤 사람은 몇 년 기다렸다가 큰 시세차익 한 방을 노리는 걸 선호한다. 그렇다면 나한테 맞는 건 어떤 방식일까? 둘 중 무엇이 옳고 그르다고 할 수는 없다. 중요한 건 내 자금 상황, 리스크 감내 성향, 그리고 투자 기간에 맞춰 선택하는 것이고, 그 선택을 얼마나 일관성 있게 밀고 가느냐가 성공의 핵심이다.

내가 만났던 실제 투자자들 이야기를 바탕으로, 월세형과 차익형, 이 두 가지 모델의 차이를 하나씩 풀어보려고 한다.

매달 또박또박, 월세형 투자

월세형 투자란, 부동산을 사서 세를 놓고 매달 고정적인 수익을 얻는 방식이다. 현금 흐름이 꾸준하게 생기기 때문에, 은퇴를 앞둔 사람이나 생활비가 정기적으로 필요한 사람들에게 적합하다. 가령 경기도 외곽에 3억 원짜리 소형 아파트를 산 한 투자자는 매달 80만 원씩 월세를 받고 있다. 연수익률로 따지면 약 3.2퍼센트. 주식처럼 수익률이 높진 않지만, 안정성이 크다.

물론 단점도 있다. 먼저, 수익률이 생각보다 낮을 수 있다. 그리고 세입자가 나가버리면 공실이 생기고, 그동안은 수익이 없거나 관리에 신경을 써야 한다. 또, 초기 투자금이 제법 크다. 특히 서울처럼 집값이 높은 지역에서는 부담이 될 수 있다. 이런 이유로 월세형 투자는 이런 사람들에게 맞는다. '매달 안정적인 수입이 필요해'라고 생각하는 사람, '은퇴를 준비 중인 사람' '부동산 관리에 거부감이 없는 사람' 등이 해당한다.

짧지만 크게! 매매 차익형 투자

매매 차익형 투자는 시세가 오를 만한 곳에 미리 투자해 두고, 몇 년 후 비싸게 팔아서 차익을 얻는 방식이다. 투자 시점과 매도 시점의 '타이밍'이 중요하다. 내가 아는 한 투자자는 서울 재개발 예정지에 있는 오래된 빌라를 2억 원에 샀다가 2년 뒤 4억 원에 팔았다. 수익률이 무려 100퍼센트. 이런 얘기는 신기루처럼 들릴 수 있지만, 현실에서도 종종 일어난다.

하지만 위험도 분명하다. 예상과 달리 재개발이 지연되거나 무산되면 오랫동안 자금이 묶일 수 있다. 또, 그동안은 월세 수익도 없으므로 버틸 여유 자금이 필요하다. 이런 투자 방식은 다음과 같은 사람에게 잘 맞는다. '짧게 크게 벌고 싶다'라는 성향의 사람, '시장 흐름을 읽는 감각이 있는 사람', '투자금이 묶여도 괜찮을 만큼 자금 여유가 있는 사람' 등이다. 투자에는 절대적인 정답이 없다. 중요한 건, 내 상황과 목적에 맞는 전략을 세우는 것이다.

"나는 생활비가 월세로 들어와야 해. 당장 큰돈은 필요 없어." 이런 사람들은 월세형 투자가 낫다. "나는 몇 년 후 큰 자산을 만들고 싶고, 시장 흐름 읽는 감도 있어." 이런 사람들은 매매 차익형이 잘 맞는다.

또는 복합 전략도 가능하다. 예를 들어, 소형 오피스텔 한 채는 월세용으로 두고, 재개발 기대감 있는 빌라 한 채는 시세차익용으로 가져가는 방식이다. 이렇게 하면 한쪽에서 들어오는 안정적인 수익 덕분에 다른 쪽은 느긋하게 기다릴 수 있다.

부동산 투자는 단거리 경주가 아니라 마라톤에 가깝다. 월세형은 고요한 강물처럼, 매매 차익형은 파도치는 바다처럼 각자의 흐름이 있다. 어떤 방식이든 중요한 건 자신이 원하는 삶의 방향과 잘 맞는 전략을 택하는 일이다. 너무 조급해하지 말고, 너무 겁먹지도 말고. 내게 맞는 나침반 하나만 있다면, 투자라는 항해도 훨씬 든든하게 나아갈 수 있다.

대출 규제에
대응하는 자세

2025년 6월 말, 정부는 사전 예고 없이 강력한 대출 규제를 발표했다. 이른바 '6.27 대출 규제'로 불리는 이번 정책은 ▲6억 원 이상 대출 금지 ▲수도권 주택 매입 시 6개월 내 전입 의무화 ▲다주택자 대출 원천 차단이라는 내용을 담고 있다. 발표 직후 부동산 시장은 패닉 상태에 빠졌다. 특히 계약을 진행 중이던 실수요자들은 갑작스러운 대출 중단으로 인해 계약금을 날릴 위기에 처했고, 일부는 집주인을 찾아 제주도까지 내려가는 혼란을 겪었다. 자녀의 학군을 위해 어렵게 상급지 진입을 시도 하던 가족들마저 대출 막차를 놓치며 갈 곳을 잃었다.

재정 상태와 투자 방식 점검

규제 이후 시장은 급격하게 양극화되기 시작했다. 가장 큰 피해를 본 것은 현금 여력이 없는 실수요자였다. 연봉 1억 원 이상인 고소득자라도 현금이 부족하다면 사실상 주택 구매할 수 없어졌다. 자본력이 부족한 신혼부부나 첫 주택 마련을 꿈꾸던 사회 초년생들은 서울의 주요 지역은 물론이고, 수도권 외곽 지역마저도 접근이 어려워졌다.

반면, 이 규제로 웃음을 짓는 사람들도 있다. 이미 현금을 확보한 부자나, 기존에 다주택을 보유한 투자자들은 이번 규제를 기회로 받아들이고 있다. 규제가 부동산 시장의 경쟁을 줄이고 진입 장벽을 높였기에, 오히려 이들에게는 더 많은 기회와 선택지가 열렸기 때문이다.

결국 규제는 모두에게 똑같이 작용하지 않았다. 오히려 규제를 활용할 수 있는 사람과 규제를 피할 수 없는 사람 사이의 차이를 더욱 분명히 드러냈을 뿐이다. 그렇다면 지금, 우리는 어떻게 대응해야 할까? 규제 자체를 바꿀 수 없다면 규제안에서 전략을 짜는 수밖에 없다. 더 이상 '막혔다'라며 좌절할 것이 아니라, 지금부터는 자신의 재정 상태와 투자 방식을 철저히 점검할 시점이다.

무엇보다 우선해야 하는 것은 DSR, 즉 총부채원리금상환비율을 점검하고 관리하는 일이다. 정부의 이번 규제로 인해 DSR은 더 이상 무시할 수 없는 중요한 투자 지표가 되었다.

▼ 정부는 2025년 6월 말 긴급 가계부채 대책 방안을 발표했다.

관계부처합동   보도자료

| 보도시점 | 2025.6.27.(금) 11:30 | 배포 | 2025.6.27.(금) 09:30 |

「긴급 가계부채 점검회의」를 개최하여
수도권 중심의 「가계부채 관리 강화 방안」 발표

▲ 가계대출 총량관리목표를 축소하고, 6.28일부터 현행 은행 자율관리
　 조치사항을 전 금융권으로 확대 시행

▲ 주담대 한도 제한(6억원), 주택구입시 전입의무 부과, 생애 최초 주택구입
　 목적 주담대 규제 강화 등 추가 조치도 병행

I. 회의 개요

금융위원회는 권대영 사무처장 주재로 '25.6.27일(금) 관계기관 합동 「긴급 가계부채 점검회의」를 개최하였다. 이날 회의에는 기획재정부, 국토교통부, 행정안전부, 한국은행, 금융감독원 등 관계기관과 은행연합회, 제2금융권 협회, 5대 시중은행, 주택금융공사(HF)·주택도시보증공사(HUG)·서울보증보험(SGI) 등이 참석하였다.

참석자들은 최근 수도권 지역 부동산 시장 상황 등과 맞물려 주담대를 중심으로 한 가계대출 증가규모가 확대되고 있는 점에 크게 우려를 표하며, 다음과 같이 수도권 중심의 강화된 가계부채 관리방안을 논의·확정하였다.

- (일시/장소) '25.6.27.(금) 08:00, 정부서울청사
- (참석) **금융위 사무처장**(주재), 기획재정부, 국토교통부, 행정안전부, 금융감독원, 한국은행, 은행연합회, 생·손보협회, 저축은행중앙회, 여신금융협회, 농협·수협·신협·산림조합·새마을금고중앙회, 5대 시중은행(KB국민, 하나, 신한, 우리, 농협), 주택금융공사, 주택도시보증공사, SGI 서울보증
- (논의) ❶ **최근 가계대출 동향**, ❷ **가계부채 관리 강화 방안**

대출을 심사할 때 은행은 주택담보대출뿐 아니라 마이너스 통장, 신용대출, 카드론 등 모든 대출 항목을 합산하여 계산한다. 따라서 불필요하게 버려두었던 대출이나 신용 한도는 즉시 정리하고 최소화하는 것이 중요하다.

또한, 월세 수익을 확실히 '소득으로 증빙'하는 것도 필수 전략이 되었다. 과거에는 월세 수익이 있어도 현금흐름 정도로만 생각했지만, 이제는 임대 사업자로 정식 등록하고 종합소득세 신고를 통해 월세를 공식 소득으로 만들어야 한다. 이렇게 증빙된 소득은 DSR을 계산할 때 유리하게 작용하여, 대출 가능성을 높이는 실질적 효과를 발휘한다.

저가 빌라 시장은 틈새 기회

이번 규제로 인해 투자자들의 눈길은 자연스럽게 '저가 빌라 시장'으로 향하고 있다. 특히 10억 원 이하, 그중에서도 1억 원 미만의 소형 빌라는 여전히 소액으로도 진입할 수 있는 현실적인 투자처다. 중상급지 아파트에 대한 진입 장벽이 높아진 지금, 교통이 좋고 생활권이 안정된 지역의 빌라는 실수요와 투자 수요 모두에게 인기를 끌며 전세, 월세뿐만 아니라 매매가격까지 동반 상승하고 있다. 이 시장이 바로 지금의 위기를 기회로 바꿀 수 있는 영역이다.

부부가 공동으로 투자하여 DSR 한도를 효율적으로 관리하는 전략도 현명한 대응법이다. 부부가 각각의 명의로 주택을 보유하면 개인별 DSR 규제를 분산할 수 있어, 추가적인 투자 여력을 확보할 수 있기 때문이다.

결국 이번 정부의 대출 규제가 전하는 메시지는 분명하다. 그것은 '무리한 대출 투자는 그만하라'라는 경고이자, '합리적이고 현실적인 투자는 여전히 가능하다'라는 안내다. 현금을 가지고 있거나 확실한 소득 증빙이 가능하다면, 여전히 부동산 시장은 열려 있다. 따라서 지금 우리가 해야 할 일은 규제 앞에서 두려워하거나 위축되는 것이 아니라, 시장의 구조를 제대로 이해하고 그에 맞는 전략을 세우는 것이다.

집값은 잠시 흔들리고 투자자들은 불안해할지 모르지만, 이런 혼란스러운 시기일수록 투자자는 냉정하게 현실을 직시해야 한다. 혼란과 규제 속에서도 시장은 끊임없이 움직이고 새로운 균형을 찾아간다. 2025년 하반기, 누군가에게는 "규제 때문에 이제 못 산다."라고 불평하는 시기가 될 것이지만, 준비된 투자자에게는 "오히려 이때를 기다렸다."라고 말할 수 있는 절호의 기회가 될 것이다.

위기는 언제나 또 다른 기회를 품고 있다. 그리고 그 차이는 규제를 두려워하느냐, 아니면 규제를 이해하고 적극적으로 활용하느냐에 달려 있다. 지금이 바로 시장을 냉철히 바라보고 미래를 설계해야 할 시간이다. 이 책이 그런 독자들의 현명한 선택과 전략적인 투자에 도움이 되길 기대한다.

재개발 속도가
빠른 빌라를 찾자

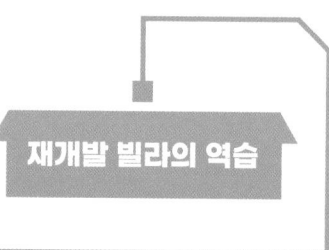

재개발 빌라의 역습

2025년 7월 말 서울시는 주택 공급 촉진을 위해 파격적인 발표를 내놓았다. 핵심은 단순 명료하다. '추가 구역 지정은 없다. 기존 구역들의 사업 진행 속도를 높인다.' 라는 것이 요지다. 이제 서울에서 재개발 투자를 생각한다면, 무엇보다 빠르게 진행되는 기존 구역에 투자 초점을 맞춰야 한다.

재개발 사업의 속도가 빠르면 빠를수록 투자 수익은 커지고, 위험은 줄어든다. 특히 소액 투자자라면 재개발의 속도를 투자 판단의 핵심으로 삼아야 한다.

재개발, 사업의 속도 중요

　서울시는 왜 추가 구역 지정을 중단하고 속도에 집중하는가? 서울시는 이미 충분한 수의 구역이 지정되어 있다고 판단하고 있다. 서울의 구역 지정 현황을 보면 약 500곳의 재개발 구역이 지정된 상태이며, 추가 지정보다는 기존에 정체되어 있던 사업의 속도를 높이는 것이 더욱 시급하다는 견해다. 이렇게 정책 기조가 전환되면 신규 구역에서의 초기 투자 기회는 급감하게 되고, 기존 구역 내 경쟁이 치열해지면서 투자금도 올라갈 수밖에 없다.

　이미 일부 지역에서는 이러한 서울시의 정책 변화 효과가 나타나고 있다. 특히 오세훈 시장이 현장 방문한 자양동이나 신당동 같은 경우, 방문 이후 부동산 가격이 급등하는 현상을 보였다. 대표적인 예로 신당9구역을 들 수 있다. 신당9구역은 우수한 입지에도 불구하고 고도 제한(7층 이하) 때문에 20년 넘게 재개발 사업이 정체되어 있었다. 그러나 이번에 서울시가 내놓은 규제 완화 정책으로 높이 제한이 15층까지 늘어나자, 사업성은 두 배로 뛰어오르게 되었다. 즉, 재개발 속도가 단축되고 사업성도 개선되어 투자자들에게 상당히 매력적인 지역으로 부상한 것이다.

　행정 절차 간소화는 서울시가 내놓은 또 하나의 중요한 전략이다. 기존에는 구역 지정과 조합설립에 1년 반~2년이 걸렸지만, 앞으로는 이 과정이 병행 처리되면서 1년 이내로 단축될 수 있다. 또한, 조합설립부터 착공까지 걸리는 시간도 기존 8~9년에서 6년 내로 크게 단축될 것으로 예상된다. 실제로 서울시는 기존에 10~15년씩 걸리던 재개발·재건축 사업의 전체 소요 기간을 7~10년으로 줄이겠다는 구체적인 목표까지도 제시했다.

이러한 서울시의 변화된 정책으로 인해 재개발 시장의 투자 환경도 달라지고 있다. 초기 재개발 투자가 가능한 동의서 단계의 물건은 이제 더 이상 쉽게 시장에 나오기 어려워졌다. 따라서 신규 투자자는 이미 동의서가 진행 중이거나 조합설립 단계에 진입한 지역에 관심을 집중할 수밖에 없다. 소액으로 접근할 수 있는 지역은 점점 줄어들 것이며, 결국 투자 진입 장벽은 점점 높아지고 있다. 그러므로 투자자라면 '오늘이 가장 저렴한 날'이라는 말을 가슴에 새기고, 신속히 움직여야 할 것이다.

서울시와 정부 정책 변화 주시해야

특히 신당9구역과 같은 대표적 사례에서 볼 수 있듯이, 행정 절차가 빠르게 진행되는 지역은 사업의 성공 가능성이 훨씬 높아진다. 규제 완화와 병행 처리 제도를 통해 추진위 구성, 조합설립 및 관리 처분 등의 핵심 절차가 빠르게 진행되면서 투자 매력은 더욱 높아지고 있다. 이미 신당9구역과 같은 성공 사례들이 나타나면서 향후 추가적인 성공 지역들이 줄줄이 이어질 것으로 예상된다.

또한, 서울시는 주민 동의율 50퍼센트만 확보되면 즉시 공공 보조금을 지원해, 사업 초기 단계에서부터 추진위원회 구성과 조합설립을 신속히 진행할 수 있도록 지원할 계획이다. 이제 서울에서 재개발을 준비하는 투자자는 반드시 주민 동의율과 보조금 지원 등 서울시 정책 변화를 자세히 살펴볼 필요가 있다.

서울시가 내놓은 이번 정책은 더 이상 추가 지정을 기다리며 투자 기회를 노리는 것이 아니라, 빠르게 움직이는 기존 재개발 지역에 집중하라는 명확한 신호다. 향후 서울의 재개발 시장은 초기 투자의 문이 좁아지고, 기존 구역 내 투자금 상승 및 경쟁 심화가 불가피할 것이다. 그러나 반대로 보면, 기존 구역에서 속도감 있게 진행되는 사업을 선점한다면 단기간에 높은 수익을 얻을 기회가 될 수 있다.

재개발 투자에 있어 이제 중요한 것은 바로 속도다. 빠르게 사업이 진행되는 지역을 찾아 투자해야 하며, 서울시의 행정 절차 단축과 규제 완화를 활용하는 전략이 필수적이다. 신속한 결정과 과감한 투자가 무엇보다 중요한 시기다. 이제 재개발 투자자는 발 빠르게 움직이는 지역을 정확히 파악하고 신속한 결정을 내릴 필요가 있다. 서울시는 이미 기존 구역들로 충분한 공급이 가능하다고 선언한 만큼, 속도감 있게 진행되는 빌라를 선택하는 것이 재개발 투자 성공의 지름길이다.

4
PART

실전에서 통하는

투자 기술

공실률 낮추는
리모델링 팁

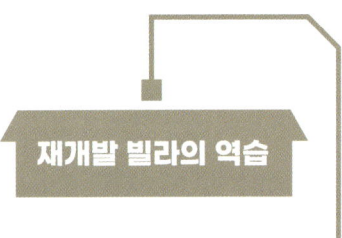

재개발 빌라의 역습

서울 한복판, 가장 '핫'한 상권이라는 홍대에도 '공실 있음'이라는 현수막이 나부낀다. 유동 인구가 많고, 임대료가 비싼 지역인데도 말이다. 이유는 단순하다. 해당 공간이 매력 없기 때문이다. 오래된 인테리어, 불편한 동선, 낮은 채광, 낡은 설비. 사람들은 그런 공간에 들어오고 싶어 하지 않는다. 부동산은 결국 '사람'을 불러들이는 공간이다. 아무리 입지가 좋아도, 내부 공간이 불편하고, 낡고, 감각이 떨어진다면 공실은 피할 수 없다.

그때 필요한 것이 바로 리모델링이다. '사람이 머무르고 싶어지는 공간'을 만드는 전략이다. 빌라를 임대 놓았을 때, 필수적으로 알아야 할 팁이다.

팔 것이냐, 바꿀 것이냐?

건물주 K씨의 사례를 보자. 그는 서울 광진구 구의동에 다가구 주택을 갖고 있었는데, 2년 전부터 공실이 점점 늘기 시작했다. 경쟁 매물은 모두 신축이거나 감각적인 인테리어로 무장해 있었다. 반면 그의 건물은 10여 년 전 스타일 그대로였다. 처음에는 월세를 내렸다. 그래도 공실은 해소되지 않았다. 결국 그는 결심했다. '팔 것이냐, 바꿀 것이냐?'의 갈림길에서 '바꾸는 것'을 택했다.

◀ 최근 고급화 유형의 빌라도
많이 늘어나고 있다.

첫 번째 전략은 구조 변경이었다. 기존 원룸 형태를 투룸으로 변경하고, 좁은 화장실과 주방의 위치를 바꿨다. 이로써 공간 동선이 훨씬 효율적으로 바뀌었다. 두 번째 전략은 감성 인테리어였다. 벽지는 단순한 흰색이 아니라 파스텔 색조로, 조명은 LED 책상 등과 간접 등을 조합했다. 세 번째 전략은 선택형 리모델링이다. 입주 예정자가 '벽지 색채'와 '가구 옵션'을 선택할 수 있도록 했다. 놀랍게도 이 단순한 방식 하나로 입주 문의가 두 배로 늘었다.

이 리모델링에 들어간 비용은 평당 80만 원 수준이었다. K씨는 임대료를 기존보다 10만 원 올렸지만, 3개월 만에 모든 세대가 채워졌다. 중요한 건 임대료가 오른 것이 아니라, 공실 기간이 제로가 됐다는 점이다. 공실이 줄어들면 수익률은 눈에 띄게 오른다. 월 50만 원짜리 방이 6개월 비어 있으면 연수익은 300만 원이 날아간다. 그걸 막는 것이 바로 리모델링이다.

공실률을 낮추는 리모델링 전략은 크게 세 가지 키워드로 정리할 수 있다.

공간의 재해석 – 기능을 바꾸라

원룸을 투룸으로, 혹은 거실 중심 구조를 침실 중심으로 바꾸는 식이다. 임차인의 라이프스타일에 맞춰 기능을 재정비해야 한다. 요즘은 재택근무가 많아졌기 때문에 '작은 서재' 공간이 있는 집이 인기가 많다. 복층구조를 활용해 수면 공간과 작업 공간을 분리하면 차별화가 가능하다.

감성의 디자인 – 감각을 더하라

리모델링에서 가장 큰 착각은 돈을 많이 들여야 한다는 것이다. 하지만 핵심은 디자인의 감각이다. 예산이 부족하다면 도배, 조명,

커튼만 바꿔도 분위기가 완전히 달라진다. 특히 여성 1인 가구를 대상으로 한다면, 따뜻한 톤의 색상과 아늑한 조명은 공실을 줄이는 비장의 무기다.

선택의 권한 – 맞춤형을 제공하라

임차인에게 리모델링 선택권을 일부 제공하라. 벽지 색상, 수납 옵션, 붙박이 가구 여부 등을 선택하게 하면 '내 공간'이라는 애착이 생긴다. 입주 전 상담 한 번만 제대로 해도 고객 만족도가 다르다. 이런 맞춤형 임대 모델을 브랜드화하는 건물주도 있다.

감정적으로 안정된 곳

사람들은 '편리한 집'을 원하면서도 동시에 '감정적으로 안정된 공간'을 찾는다. 그래서 요즘의 부동산은 단순히 위치보다 '경험'을 판다. 리모델링이란 결국, 공간에 경험을 입히는 작업이다. 그 공간이 편하고, 아름답고, 나를 배려한다고 느끼게 할 때, 공실은 사라진다.

서울은 이미 과잉 공급 시대다. 좋은 입지, 좋은 상품은 많다. 이제 중요한 건, 내 건물이 얼마나 '살고 싶은 곳'이냐는 질문에 답할 수 있느냐다. 공실률을 줄이고 싶은가? 그렇다면 리모델링은 선택이 아니라 필수다. 허름한 건물이 사람을 끌어당길 수는 없다. 하지만 제대로 리모델링된 공간은, 때로는 주소보다 더 강력한 매력을 가진다.

빌라 투자의
특별한 상승 기간을 잡자

재개발 빌라의 역습

빌라 투자를 흔히 '짧고 굵게'라고 표현하는 데는 이유가 있다. 거주용 부동산 시장에서 아파트가 마치 시장의 주류라면, 빌라는 언제나 틈새시장이라는 느낌이 강하다. 아파트가 상승의 큰 흐름을 타며 긴 주기로 상승세를 지속하지만, 빌라는 주로 특정 시기에만 강력하게 상승한다. 그렇다면 빌라의 이러한 특별한 상승 기간은 언제이며, 왜 발생하는 것일까?

바로 재개발 지정 전후, 정책 변화 직후, 그리고 아파트 가격 급등기에 빌라는 단기간에 집중적인 수요를 흡수하며 가파른 상승을 만든다. 기다림이 길지 않아도 되는 대신, 타이밍을 놓치면 순식간에 기회를 잃는다.

빌라, 아파트 시장과 반비례

많은 투자자가 간과하는 사실이지만, 빌라의 가격 상승은 아파트 시장과 긴밀하게 연결되어 있다. 아파트 가격이 상승세를 이어갈 때 사람들은 빌라를 돌아보지 않는다. 하지만 아파트 매매가가 정체되고 전세가가 급등할 때, 사람들은 어쩔 수 없이 빌라 시장으로 눈을 돌린다. 그러니까 빌라 투자의 상승 기간이 특별한 것은 결국 아파트 시장의 역설적 상황에서 비롯된다.

| 서울 주택 매매지수 |

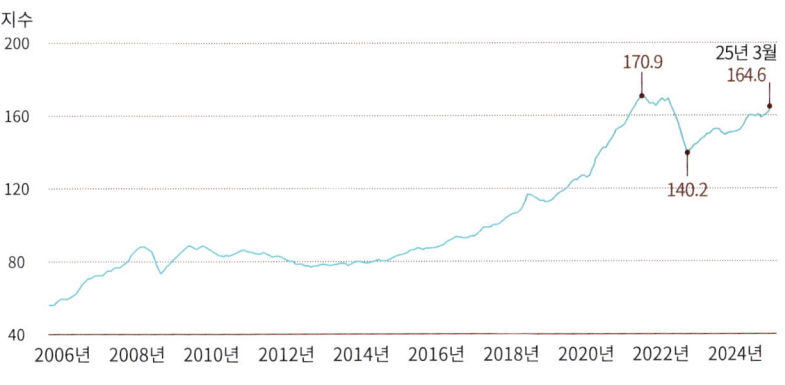

출처: 한국부동산원

▲ 서울 주택 매매는 시기별로 큰 편차를 보이기도 한다.

빌라 투자는 오르는 시기가 짧고, 그 외의 기간에는 좀처럼 상승하지 않는 특성이 있다. 그 이유는 간단하다. 빌라는 공급이 지나치게 쉽기 때문이다. 소규모 건축업자들이 땅만 있으면 어렵지 않게 빌라를 지을 수 있다. 건설 기간도 짧고, 자본도 적게 든다. 그만큼 시장에 빠르게 공급이 늘어날 수밖에 없다. 따라서 빌라가 잠시 주목받아 가격이 오르면 곧이어 대량 공급이 뒤따르고, 그 순간부터 가격 상승은 멈추는 정체기에 들어선다.

필자가 만난 투자자 중에는 아파트를 구하지 못해 급한 마음에 빌라를 선택한 사람도 있었다. 그런데 빌라에 거주하면서 주차 공간 부족, 엘리베이터 미설치, 얇은 벽에서 오는 소음 문제 등으로 후회하는 경우를 여러 번 목격했다. 빌라 자체의 주거 만족도가 낮아서, 빌라를 선호하는 사람은 거의 없다. 그런데도 사람들이 빌라를 매수하게 되는 이유는, 아파트 시장의 특수한 상황이 발생했을 때다. 즉, 아파트 전세 매물이 품귀 현상을 보이면서 빌라의 매력이 순간적으로 드러나는 것이다.

빌라가 강력하게 상승하는 시점은 아파트 시장의 하락 안정기, 특히 전세가 급등 시기와 맞물려 있다. 이때는 아파트 매수는 물론 전세조차도 어려워져, 상대적으로 자금이 부족한 사람들이 빌라 매매로 몰리게 된다. 이 시기에 빌라는 가격이 짧은 시간 내에 급상승하는 특성을 보인다.

재개발 빌라 시장을 눈여겨봐야

이런 시장의 흐름을 잘 타고 투자한 이들은 꽤 쏠쏠한 수익을 맛본다. 하지만 그 시기를 놓치면, 오히려 빌라는 위험한 투자 상품이 될 수 있다. 필자 주변에서도 빌라 투자로 큰 수익을 낸 사례가 있다.

하지만 동시에 잘못된 타이밍에 투자하여 자산이 묶이고, 손해를 본 사례 또한 적지 않다.

빌라가 투자의 성공과 실패를 가르는 가장 큰 이유는 역시 짧은 상승 기간 때문이다. 빌라가 오르는 순간이 찾아오면 잠시라도 시장의 분위기가 뜨거워지지만, 그 열기는 오래가지 않는다. 잠깐 상승한 후 다시 급격히 하락하거나 정체하는 일이 비일비재하다. 특히 공급이 과잉된 시점에 빌라를 매수하면, 투자 실패 확률이 매우 높아진다.

이런 이유로 빌라 투자는 신중히 처리해야 한다. 투자자는 아파트 시장과 전세가의 움직임을 끊임없이 주시하며, 시장 상황에 빠르게 대응할 준비가 되어 있어야 한다. 빌라는 아파트의 대체재로서, 아파트 가격이 본격적으로 오르기 전 일시적 수요 증가로 급등하는 상품이다. 따라서 빌라 투자 시기는 극도로 제한적이며, 그 짧은 시기를 놓치면 다시 상승 기회를 기다리는 긴 시간이 찾아올 수 있다.

빌라 투자에서도 예외가 있다. 바로 재개발 지역의 빌라다. 재개발 지역의 빌라는 본질적으로 토지의 가치를 내포하고 있어 일반 빌라와는 상승 메커니즘이 다르다. 이 지역의 빌라가 상승하는 이유는 땅의 가치 상승 때문이지 빌라 자체가 주는 주거 환경 때문은 아니다.

필자가 만난 재개발 지역 투자자 중 성공한 사례가 많았다. 이들은 재개발 초기 단계에서 빌라를 매입해, 재개발 사업이 진행되는 동안 토지 가치가 상승하면서 큰 이익을 얻었다. 하지만 여기에도 주의할 점은 있다. 재개발 빌라는 결국 땅값 투자인 만큼, 재개발이 무산되거나 지연되면 큰 손실을 볼 수도 있다는 점을 명심해야 한다.

몇 년 전 빌라 가격이 폭등한 적이 있다. 당시의 상황을 복기해 보면,

전세가 급등과 정부의 임대차 3법 도입이라는 시장 변수가 크게 작용했다. 빌라 투자는 '틈새 전략'이어야 한다. 아파트 시장이 막힌 시점, 전세가 급등하는 순간, 공급이 아직 따라붙기 전에만 집중해야 한다. 상승 기간이 짧다는 것은 그만큼 위험하지만, 동시에 정확한 타이밍을 맞추면 큰 이익을 거둘 기회이기도 하다.

빌라 투자는 언제나 시기와 타이밍의 예술이며 순간을 붙잡는 투자이다. 그 예술을 완벽하게 소화할 때 비로소 성공할 수 있다. '짧고 굵게' 오르는 빌라 시장에서 투자자는 무엇보다 타이밍을 정확히 읽는 눈과 냉정하게 판단할 수 있는 마음을 가져야 한다. 빌라 투자라는 짧은 상승의 특성을 잘 활용하면, 틈새시장의 달콤한 수익을 충분히 누릴 수 있다.

이런 빌라를 사면
반드시 후회한다

재개발 빌라의 역습

빌라는 뛰어난 가성비와 미래 가치 상승 가능성 덕분에 많은 투자자의 주목을 받고 있다. 하지만 모든 빌라가 똑같은 기회를 제공하는 것은 아니다. 오히려 초보 투자자가 잘못된 선택을 하면 큰 후회를 남길 수 있다. 실제로 매매 시장에서 잘 팔리지 않아 오랫동안 묶이는 물건들도 많다.

빌라 투자의 성공은 결국 '잘 고른 것'이 아니라 '잘 피한 것'에서 시작된다. 그래서 현명한 투자자는 늘 자신이 무엇을 사야 할지보다, 무엇을 절대 사지 말아야 하는지를 먼저 점검한다. 투자자들이 빌라 투자에 실패하지 않기 위해 반드시 피해야 할 5가지 유형을 정리해 보았다.

위반 건축물 빌라

빌라 투자자가 가장 먼저 피해야 할 유형은 바로 '위반 건축물'이다. 특히 주택의 일부를 무단으로 증축했거나, 원래 용도가 근린생활시설인데 주택으로 불법 전환한 경우가 많다. 건축물대장과 실제 면적이 일치하지 않는다면 반드시 위반 건축물을 의심해 봐야 한다.

특히 2019년 4월 23일 이후에 적발된 위반 건축물은 법 개정으로 인해 매년 이행강제금을 납부해야 한다. 이런 물건은 매수자가 부담을 크게 느껴 매도가 잘 이뤄지지 않는다. 결국 초보 투자자에게는 이자 부담과 심리적 스트레스만 가중될 가능성이 크다. 위반 건축물 여부는 반드시 계약 전에 주민센터나 인터넷에서 건축물대장을 확인하여 미리 방지해야 한다.

주차 공간이 부족한 빌라

주차 공간 부족은 도시 생활의 현실적인 문제다. 가족당 차 한 대가 기본인 시대에 주차 공간이 없는 빌라는 매도하기 어려운 대표적 유형이다. 특히 오래된 빌라나 도시형 생활 주택은 주차장이 없거나 매우 협소한 경우가 많아 세입자나 실거주자의 만족도가 현저히 떨어진다.

주차 공간 부족으로 인해 결국 매수자들이 외면하게 되며, 투자자 처지에서도 매도가 쉽지 않아 발목을 잡힐 수 있다. 따라서 빌라를 매입할 때는 주변의 공영 주차장 유무를 반드시 점검해야 한다.

누수와 결로로 인한 스트레스 탑층 빌라

빌라의 탑층은 층간 소음 문제에서는 자유롭지만, 여름철 장마로 인한 누수, 겨울철 결로로 인한 곰팡이 문제 등 심각한 단점이 존재한다. 특히 오래된 빌라일수록 옥상의 방수 공사가 제대로 이뤄지지 않아 누수와 결로 피해가 빈번하다.

탑층은 이러한 문제들로 인한 스트레스와 수리비 부담이 크고, 이를 해결하기 위한 공동 관리비를 이웃과 모으는 과정에서 어려움을 겪을 가능성이 높다. 탑층 빌라를 매수하려면 인근 호실까지 방문하여 누수나 결로 여부를 반드시 확인해야 한다.

기계식 주차장을 가진 빌라

최근에 지어진 빌라나 도시형 생활주택 중에는 주차 공간 확보를 위해 기계식 주차 시설을 갖춘 경우가 있다. 하지만 기계식 주차장은 실제 사용해 보면 상당히 불편하다. 차량 출입에 시간이 오래 걸리고, 고장도 잦아서 결국 세입자들이 피하게 되는 요인이 된다.

실제 매수자들은 편리성을 가장 중요시하기 때문에 기계식 주차장 설치 여부만으로 매수 결정을 번복하는 경우가 많다. 빌라를 구매하기 전 현장을 방문해 주차장 상태를 자세히 살펴야 나중에 후회하지 않는다.

대로변 인접 빌라

빌라 투자에서 의외로 놓치기 쉬운 것이 '대로변 인접 여부'다. 초보 투자자는 교통이 편리하다는 이유로 큰 도로 옆 빌라를 선택하기도 한다. 하지만 실제 거주자 처지에서는 도로에서 올라오는 차량 소음과 먼지, 진동으로 인한 스트레스가 상당하다.

매수자는 결국 소음과 분진 때문에 대로변 빌라를 피하게 되고, 매물의 인기가 떨어져 가격 상승 폭도 제한적이다. 거주 만족도가 떨어지는 빌라는 투자로서의 매력도 잃기 마련이다. 장기적 가치를 생각한다면 주택은 큰 도로에서 적어도 100미터 이상 떨어진 조용한 주거지역을 선택하는 것이 현명하다.

빌라 투자는 정확한 전략과 선택을 요구한다. 위반 건축물, 주차 공간 부족, 탑층의 문제점, 기계식 주차장, 그리고 대로변 인접 빌라까지, 이런 유형은 초보 투자자들이 흔히 빠지는 대표적인 함정이다. 부동산 투자는 결국 빠르게 사고팔 수 있어야 성공하는 법이다. 빌라를 구매할 때는 반드시 매도할 때의 상황까지 염두에 두고 신중히 접근해야 한다. 위 유형을 철저히 피한다면, 빌라 투자에서 발생할 수 있는 위험과 후회를 크게 줄일 수 있을 것이다.

현실적인
정책자금 활용의 열쇠

재개발 빌라의 역습

서울은 계속 변화하고 있다. 그 변화의 중심엔 늘 '재개발'이 있다. 재개발 투자는 많은 이들에게 희망이지만, 동시에 적지 않은 이들에게는 끝없는 기다림과 절망의 연속이기도 하다. 정부와 지자체는 서민을 위한 다양한 정책자금과 금융 지원책을 마련해 두었다. 문제는 대부분이 이를 잘 모르거나, 활용법을 제대로 알지 못해 기회를 놓친다는 점이다.

정책자금은 빚이 아니라, 미래 가치를 앞당기는 촉매제가 될 수 있다. 자금력이 부족한 서민층에게 빌라 재개발 투자는 현실적인 기회가 될 수 있다. 제도를 아는 사람만이 혜택을 누리고, 준비된 사람만이 그 문을 열 수 있다.

빌라 투자의 현실적 장벽

서울 외곽이나 구도심에서 빌라는 과거 '포기한 삶'의 상징이었다. 아파트 대비 낮은 담보 가치와 불확실한 시세, 복잡한 등기 상태 때문에 빌라는 기피 대상이었다. 그러나 최근 재개발 바람과 정부의 다양한 지원책이 맞물려 다시 주목받고 있다. 다만, 무턱대고 빌라를 매수해서는 안 된다. 현실에서의 장벽을 정확히 인식하고 대비하는 것이 중요하다.

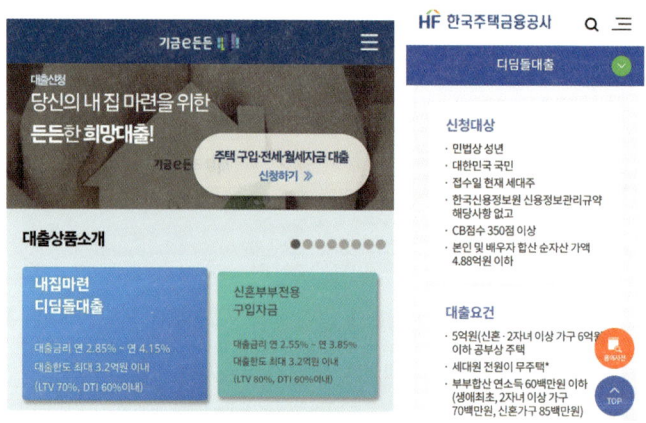

▲ 정부가 제공하는 정책자금 홈페이지 화면

정부가 제공하는 정책자금은 빌라 투자자에게 큰 힘이 될 수 있다. 대표적인 정책자금 상품으로는 보금자리론, 디딤돌대출, 생애 최초 특별공급 대출 등이 있다. 이들 대출은 낮은 이자와 장기 상환 조건이 특징이며, 특히 청년과 신혼부부에게 유리한 조건을 제공한다.

경기도 광명에서 전세로 살던 G씨 부부의 사례를 보자. 이들은 서울 도봉구의 20년 된 빌라를 1억 8,000만 원에 매입하기로 했다. 디딤돌대출을 활용해 대출 한도 1억 5,000만 원을 낮은 금리로 확보했다. 결국 자부담 3,000만 원으로 안정적인 주거를 마련할 수 있었으며, 이는 장기적으로 전세금 상승에 따른 스트레스를 없애는 효과를 가져왔다. 정책자금이 '작지만 확실한 내 집'을 만들어준 현실적 사례다.

빌라 재개발 투자 시 반드시 확인해야 할 기준은 '노후도', '비례율', '과소 필지 비율', '주거지역의 종류', '주변 시세', '절대 토지 가격', '신축 빌라의 현재 가치', '정부 정책 혜택' 등이다. 이 기준들은 투자 성패를 가르는 핵심이다. 이 기준을 정책자금과 잘 융합해 보자. 빌라가 정책자금의 대상이 되려면 몇 가지 조건을 충족해야 한다.

- 빌라는 '단독등기'가 되어 있어야 하며 공동등기 주택은 제외된다.
- 감정평가 금액이 정부 기준 내에 들어야 한다.
- 등기부등본상 근저당이 없는 깔끔한 물건이어야 한다.

이 조건을 미리 확인하지 않으면 정책자금을 활용하는 데 어려움이 생길 수 있다.

장기적 관점에서 접근

빌라 투자는 단기간에 큰 이익을 얻기 어렵다는 현실을 받아들여야 한다. 아파트와 비교해 상대적으로 시세 상승 폭이 작고, 재개발이 진행되기까지 시간이 걸린다. 그러나 안정적인 주거 확보와 장기적인 자산 축적의 관점에서 바라본다면 빌라 투자는 현실적인 전략이 될 수 있다.

정부는 앞으로도 청년·신혼부부 대상의 저리 정책자금을 지속적으로 확대할 예정이다. 따라서 지금 시점에 정책자금을 활용해 소액으로 접근할 수 있는 빌라 투자를 시작하는 것이 유리하다. 오히려 작은 시작이 더 큰 미래를 만드는 전략이 될 수 있다.

결론적으로, 빌라 투자는 단순히 저렴한 가격에 집을 사는 것이 아니라 현실적 조건과 정부의 정책적 지원을 효과적으로 결합한 전략적 접근이어야 한다. 준비된 자료, 정확한 기준 판단, 정부의 정책자금 지원이라는 삼박자가 맞춰질 때, 소액 재개발 빌라 투자는 작지만, 확실한 성공의 길로 이어질 것이다.

누구에게나 아파트가 로망이지만, 현실은 작지만, 안정적인 시작부터 해야 한다. 빌라 투자라는 작지만, 전략적인 접근이 그 시작이 될 수 있다.

소액 빌라 투자의
8가지 체크리스트

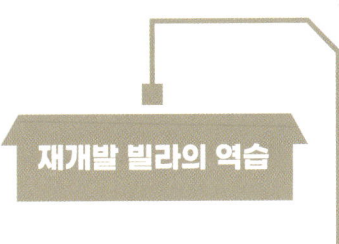

재개발 빌라의 역습

서울이라는 도시는 매일매일 새로운 얼굴을 하고 있다. 한강 변을 따라 솟아오르는 고층 빌딩과 곳곳에서 활발하게 진행 중인 재개발 현장은, 변화의 최전선을 보여준다. 이 변화의 중심에는 늘 '재개발'이라는 키워드가 자리 잡고 있다.

어떤 이들은 서울의 재개발을 두고 '황금의 땅'이라고 표현하며 기회를 잡고자 뛰어든다. 반면 어떤 사람들은 지지부진한 사업 속에서 기약 없는 기다림의 시간을 보내며 마음을 졸인다. 그중에서도 자금력이 부족한 투자자들에게 가장 현실적인 투자처는 '소액 재개발 빌라'다.

체크해야 할 재개발 빌라 소액 투자의 기준

희망만으로는 성공할 수 없다. 실제로 부동산 투자 세미나에서 만난 어느 중년 투자자는 걱정으로 얼굴이 가득했다. 이유를 물으니, 동네 선배의 "곧 재개발될 것이다."라는 말 한마디에 전 재산을 털어 빌라를 매입했지만, 3년이 넘도록 재개발 조합설립은 이루어지지 않았고, 집값마저 그대로였다. 소문에 의존한 투자가 얼마나 위험한지를 극명하게 보여주는 사례였다.

그러나 이러한 사례가 모든 재개발 투자를 무모하다고 단정 지을 수는 없다. 성공과 실패를 가르는 것은 감(感)이 아닌 '명확한 기준'이다. 지금부터 소개할 여덟 가지 핵심 기준은 소액 빌라 투자의 필수 체크리스트로, 여러분이 투자 전에 반드시 기억해야 할 원칙이다.

첫째, 노후도는 모든 판단의 출발점이다.

재개발의 기본 조건은 노후도다. 일반적으로 지역 내 노후 건축물이 60퍼센트 이상이어야 하며, 신속 통합기획과 모아타운 등의 정책 덕분에 50퍼센트만 넘어도 충분히 재개발 가능성을 타진할 수 있다. 이 노후도는 막연한 느낌이 아니라, 객관적인 통계와 지자체의 공식 자료를 통해 명확히 확인해야 한다. 숫자가 말하는 명확한 데이터를 확보해야 진짜 투자의 시작점에 설 수 있다.

둘째, 비례율은 숫자 속의 진실이다.

투자자의 눈길을 끄는 중요한 수치가 바로 '비례율'이다. 비례율이란, 재개발로 인해 원래 가지고 있던 자산이 얼마나 가치 상승을 하느냐를 나타낸다. 일반적으로 비례율이 130퍼센트를 넘으면 투자 가치가 있으며, 200퍼센트를 초과하는 경우는 금맥을 캤다고 할 정도로 뛰어난 투자처가 된다. 같은 크기의 지분이라 하더라도 위치나 지리적 여건에 따라 수익률은 천차만별이다. 즉, 이 비례율을 이해하고 분석하는 것이 필수다.

셋째, 과소 필지 비율은 신축 억제의 구조를 나타낸다.

90제곱미터 이하의 필지가 많은 지역은 독립적인 신축이 현실적으로 어렵다. 이는 자연스럽게 지역 전체의 노후도를 높게 되며, 구역 지정과 재개발 추진에 더욱 유리한 구조를 만들어준다. 즉, 과소 필지 비율이 높을수록 투자에 적합한 환경이 조성된다는 뜻이다.

넷째, 주거지역의 종種을 이해하라.

주거지역은 1종, 2종, 3종으로 나뉘며, 등급별로 허용되는 건축의 높이와 용적률이 다르다. 특히 3종 주거지역은 30층 이상의 고밀도 개발을 할 수 있어 상대적으로 더 높은 수익성을 기대할 수 있다. 즉, 투자 전에 반드시 주거지역 등급을 명확히 확인해야 한다.

다섯째, 주변 시세는 재개발의 온도계다.

재개발 예정 지역 주변에 이미 20억 원 이상의 고가 아파트가 형성되어 있다면, 그 지역은 수요가 확실히 담보된 곳이다. 설령 재개발이 지연된다 해도, 안정적인 가격 유지가 가능하다. 반면, 주변 시세가 낮은 지역은 재개발 진행이 지지부진하거나 중단될 위험이 크다. 주변 시세는 지역의 미래 가치를 보여주는 '온도계'다.

여섯째, 절대 토지 가격을 살펴보라.

땅값이 비싼 지역일수록 시장 질서가 잘 잡혀 있다. 토지 가격이 높으면 편법 거래나 다운계약서 등의 불투명한 거래가 어렵고, 재개발 추진 과정도 비교적 투명하게 진행된다. 따라서 안정적이고 높은 수익률을 기대할 수 있다. 결국 돈이 몰리는 곳은 투자 환경 역시 안정적이다.

일곱째, 신축 빌라의 현재 가치를 확인하라.

재개발 투자는 결국 미래 가치에 대한 투자지만, 현재 가치도 무시해서는 안 된다. 신축 빌라는 임대 수요가 높고 실거주 만족도가 우수해 재개발 추진이 늦어지더라도 버틸 힘을 준다. 주차장, 엘리베이터 등 기본 기반이 잘 갖춰진 빌라일수록 안정적인 투자처가 된다.

여덟째, 정부 정책의 '기회의 창'을 적극 활용하라.

최근 정부는 2027년까지 소형 주택(60제곱미터 이하, 6억 원 이하 빌라 등) 에 대해 주택 수 제외 및 세금 감면 등 다양한 혜택을 제공한다. 특히 일정 요건 충족 시 무주택자로 간주하여 청약 가점 관리에도 큰 도움이 된다. 이러한 정책은 명확한 유효기간이 있다. 지금의 기회를 놓치지 말아야 하는 이유다.

재개발 투자는 감(感)으로 성공할 수 없다. 명확한 기준과 데이터에 근거한 판단이 필요하다. 위에서 소개한 8가지 기준은 소액 빌라 투자에서 여러분의 투자 성패를 가르는 핵심 기준이 될 것이다. 이제 막연한 희망이 아닌 뚜렷한 지도를 손에 넣었다. 이 지도를 들고 투자에 나선다면, 당신은 이미 남들보다 앞선 투자자의 길 위에 서게 될 것이다.

빌라 투자로 성공하는
실전 기술

재개발 빌라의 역습

투자는 항상 원칙이 있어야 하고, 그 원칙은 경험과 데이터로 뒷받침되어야 한다. 빌라 역시 마찬가지다. 막연한 기대감이 아니라, 냉정한 분석과 전략적 실행이 수익으로 이어진다. 부동산 투자 중에서도 빌라는 상대적으로 접근하기 쉽고, 꾸준한 수익을 기대할 수 있는 투자처다. 하지만 무작정 뛰어들었다가는 실패하기 쉽다는 점을 누누이 당부했다.

빌라 투자에서 실질적인 성과를 거두었던 경험을 바탕으로 실전에 앞서 반드시 잊지 말아야 할 7가지를 추려보았다. 실전에 적용할 이 기술을 살펴보자.

빌라 수요층이 핵심이다

많은 초보 투자자는 역세권이나 학세권 등에 집중한다. 하지만 중요한 것은 그 지역에 지속적인 임차 수요가 있는지다. 특히 1~2인 가구, 직장인, 신혼부부와 같은 실수요층의 존재를 먼저 확인해야 한다. 주변의 월세 또는 전세 수요가 꾸준하다면 안정적인 이익을 얻을 가능성이 높아진다. 임차 수요가 많아야 차후 가격 상승도 기대된다.

예를 들어, 교통이 편리한 도심지역에 있는 소형 빌라는 꾸준한 직장인 수요가 있어 높은 임대 수익을 보장할 수 있다. 수요층이 확실하면 시장의 변동성에도 흔들리지 않고 안정적인 현금 흐름을 유지할 수 있다.

'소형 + 저가 + 다세대' 조합을 노려라

초기 투자금이 적고 관리비 부담이 적은 소형 빌라는 투자 위험을 줄이는 데 효과적이다. 특히 가격이 1억 원에서 2억 원 미만의 저가 빌라는 실수요자의 월세와 전세 수요가 안정적이어서 임대 수익률이 매우 높다.

저가 소형 빌라의 경우 수요가 끊이지 않아 공실 위험이 적다. 임대 수요가 꾸준하면 수익률이 안정적이어서 시장 침체기에도 비교적 강한 내성을 보인다.

건축 연식보다는 관리 상태를 철저히 확인하라

　오래된 빌라라도 관리가 잘 되어 있다면 임차인 선호도가 매우 높다. 외부 도색 상태, 옥상 방수, 계단 청소 상태 등을 꼼꼼히 점검해야 한다. 관리 상태가 좋은 빌라는 임차인 이탈이 적고 꾸준한 임대 수익을 보장한다. 특히 소액으로 가능한 리모델링 여지가 있는 빌라는 향후 수익성을 크게 높일 수 있다. 잘 관리된 빌라에 작은 투자만으로도 임대료가 상승할 수 있으니 관리 상태 확인이 필수다.

현장 네트워크를 활용하라

　현장 방문(임장)은 기본이지만, 진짜 중요한 정보는 공인중개사나 관리인, 이웃 세입자와 같은 현장 네트워크를 통해 얻게 된다. 실제로 빌라의 전월세 수요가 얼마나 안정적인지, 최근에 공실은 없었는지, 관리 상태는 어떤지 등을 직접 질문하고 정보를 얻어야 한다. 현장 네트워크를 통해 얻은 생생한 정보는 시장 조사 자료보다 훨씬 신뢰할 만한 투자 판단 근거가 된다.

소액 리모델링 기술을 활용하라

　빌라 투자에서 간단한 리모델링만으로도 수익성을 극대화할 수 있다. 페인트칠, 조명 교체, 도배나 장판 교체 등 최소한의 비용으로 빌라의 임대료를 10만 원에서 최대 20만 원까지 높일 수 있다. 자가 인테리어 기술을 익히면 비용 절감은 물론 투자 대비 수익률을 획기적으로 높일 수 있다. 작은 변화가 큰 수익을 창출하는 빌라 투자의 참모습이다.

DSR을 전략적으로 관리하라

부동산 투자의 필수 조건인 DSR(총부채원리금상환비율)을 전략적으로 설계하는 것도 중요하다. 본인의 소득과 기존 대출 상태를 정확히 파악하고 DSR을 최대한 낮게 유지하면서 추가 대출 가능성을 확보해야 한다. 특히 월세 수익을 소득으로 증빙하여 DSR 산정에 반영하는 방법은 장기적인 투자 전략에서 매우 효과적이다. 지속적인 추가 투자 여력을 확보해 투자 기회를 놓치지 말아야 한다.

빌라는 미분양이 없다. 대신 관리가 답이다

빌라는 아파트와 달리 미분양 위험이 없다. 중요한 것은 현장의 공실률과 관리 상태, 그리고 전월세 수요다. 빌라 투자를 결정할 때 실거래가보다는 현장에서 직접 확인한 정보가 가장 정확한 투자 판단 기준이다. 빌라 투자는 현장 중심의 철저한 정보 수집과 세밀한 관리 능력이 결합할 때 가장 큰 성과를 발휘한다. 빌라 투자를 통해 안정적이고 지속적인 이익을 얻으려면 앞서 열거한 기술을 반드시 숙지하고 현장 중심의 투자를 실천해야 한다. 이로써 성공적인 빌라 투자의 길을 열 수 있을 것이다.

조합원의 빛나는 가치를
선점하자

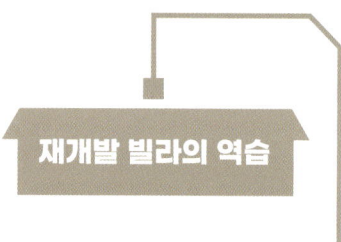
재개발 빌라의 역습

부동산 투자는 결국 미래 가치에 투자하는 일이다. 지금 당장 빌라의 모습이나 현재 상태는 크게 중요하지 않다. 진정한 가치는 그 빌라가 미래에 어떤 모습으로 바뀔지, 그리고 내가 어떤 권리를 확보할 수 있을지에 달려 있다. 최근 몇 년 사이, 서울 부동산 시장에서 뚜렷한 변화가 일어나고 있다. 바로 과거 저평가됐던 빌라가 '미래 아파트 입주권 확보'라는 새로운 투자 가치를 인정받기 시작한 것이다.

그 중심에 있는 것이 바로 재개발 지역의 '조합원 권리 확보' 전략이다.

조합원 지위가 갖는 부가가치

빌라 투자가 단순한 임대 수익이나 주거 목적을 넘어 강력한 투자처로 자리 잡은 이유는 조합원 분양권 확보의 기회가 있기 때문이다. 재개발 구역 지정이 이루어지면, 빌라는 단순한 낡은 주거지에서 벗어나 법적으로 확정된 아파트 입주권이라는 새로운 자산으로 바뀐다. 이 순간부터 가격 상승이 본격적으로 시작된다. 빌라의 가치는 입주권이라는 형태로 즉각적인 프리미엄을 얻으며, 조합원은 일반 분양자보다 훨씬 저렴하게 신규 아파트를 분양받을 권리를 갖게 된다.

조합원의 권리 확보가 중요한 첫 번째 이유는 바로 **자산 성격의 확실한 전환** 때문이다. 구역 지정 전의 빌라는 재개발 가능성이 있는 일반 주택에 불과하다. 그러나 지정 이후 빌라는 법적·행정적으로 개발이 확정된 아파트 입주권으로 변모한다. 이는 확실한 가치 상승을 보장하며 시장에서도 빠르게 평가받는다.

두 번째 이유는 **조합원의 분양가 우위와 프리미엄 형성**이다. 조합원은 일반 분양가보다 낮은 가격으로 아파트를 공급받는 특권을 가진다. 여기에 더해 로열층이나 로열동을 먼저 배정받는 혜택까지 누릴 수 있어 추가적인 프리미엄 확보가 가능하다. 특히 서울과 같이 아파트 가격이 지속적으로 상승하는 도시에서는 이런 프리미엄이 장기적으로 엄청난 자산가치 상승을 가져온다.

세 번째로는 **금융권의 적극적인 지원**도 중요한 이유다. 재개발이 확정된 구역의 빌라는 금융기관이 자산으로서 안정성과 수익성을 높게 평가하기 때문에, 대출 한도나 금리 측면에서 일반 주택보다 유리하다. 이는 자연스럽게 투자 자금을 추가로 유입시키는 선순환 구조를 형성하여 가격 상승을 더욱 가속한다. 물론 최근 들어서 조합원 가치가 예전보다 못 미치는 것도 사실이다. 하지만 입지와 지역에 따라 그 가치가 아주 큰 빌라도 아직 많이 있다.

미리 선점해야 하는 까닭

빌라 투자의 이점을 극대화하기 위해서는 구역 지정 전에 선제적으로 빌라를 매입하는 전략을 써야 한다. 구역 지정 이후에는 이미 가격이 상당히 높아져 있고 경쟁도 심해진 상태라 투자 이점이 상대적으로 줄어든다. 그러나 구역 지정 전 단계에서는 가격 상승이 본격화되지 않았기 때문에 비교적 저렴한 가격에 조합원 자격을 미리 확보할 수 있다. 특히 조합원 수가 확정된 이후에는 추가로 참여가 어려워 희소성에 따른 프리미엄이 극대화된다.

이런 선제적 투자는 또한 미래의 재개발 가능성을 미리 선취하는 효과가 있다. 실제로 재개발 계획이 확정되지 않았더라도 예정지라는 소문만으로도 가격은 빠르게 반응하며 상승한다. 시장은 이미 재개발이 창출할 미래 가치에 대해 민감하게 반응하기 때문이다. 투자자의 선점 전략이 중요한 이유다.

투자의 성패는 결국 '입지'에 달려 있다. 서울시 내에서도 개발 압력이 높은 지역, 예를 들어 한강 변 일대, 용산공원 주변, 또는 GTX·지하철 등 교통 기반이 들어서는 지역의 빌라는 다른 지역에 비해 훨씬 큰 자산가치 상승의 가능성을 가진다. 이런 핵심 지역은 개발이 본격화

| 용산 정비창 전면1구역 전용 12평 / 대지 13평 빌라 실거래 |

2016년
7억9천만 원

2023년
20억5천만 원

▲ 조합원이 되면 큰 부가가치를 획득할 수 있다.
이 그림은 용산 정비창 전면1구역 조합원의 실제 상승가치를 보여준다.

되기 전에 선점해 두어야 가장 큰 차익을 거둘 수 있다.

　빌라 투자의 전성시대가 온 지금, 우리는 단순히 '빌라를 매입한다'라는 개념을 넘어 '조합원의 권리를 확보한다'라는 명확한 전략으로 움직여야 한다. 조합원 자격을 미리 확보한 투자자만이 빠르게 변화하는 서울 부동산 시장에서 확실한 성공을 거둘 수 있을 것이다. 결국 투자의 본질은 눈에 보이는 현재의 가치가 아니라, 눈에 보이지 않는 미래의 가치를 얼마나 빨리 선취하느냐에 달려 있다.

5
PART

성공·실패로 배우는

부 동 산　　투 자

부부의 소통장애,
놓쳐버린 부동산

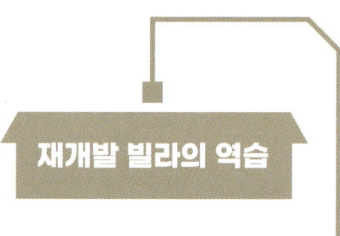

재개발 빌라의 역습

"이번에 이 집 팔자. 진짜 이번이 마지막 기회야."

남편 D씨의 목소리에는 조급함이 섞여 있었다. 2021년 겨울, 몇 달 전만 해도 농담처럼 던지던 말이었는데, 이제는 출근 전 매일 아침 부동산 뉴스를 보며 확신에 찬 말투로 강조했다. 뉴스에서는 금리 인상 우려와 함께 거래가 줄어들고 있다는 소식이 연일 흘러나왔다.

하지만 아내는 망설였다.

"글쎄, 아직 잘 모르겠어. 여보 말도 일리가 있다고 생각해. 하지만 지금 팔면 우리는 어디로 가?"

금리인상기 팔지 못한 아파트를 후회

지금 살고 있는 아파트는 아이가 걸어서 학교에 다닐 수 있을 정도로 가까웠고, 동네 이웃들과도 어느새 정이 들어버렸다. 무엇보다 그동안 몇 차례 이사를 반복하며 느꼈던 피로감과 번거로움이 여전히 생생하게 남아있었다. 아내로서는 도저히 다시 그런 번거로운 상황을 반복하고 싶지 않았다.

D씨는 그런 아내의 마음을 모르는 게 아니었다. 아내가 왜 그렇게까지 머뭇거리는지 충분히 이해하고 있었다. 하지만 그는 다른 이유로 더욱 초조했다. 주변의 친구들과 회사 동료들이 연이어 '지금이 팔 때'라는 신호를 보내왔고, 이미 부동산 가격이 내려가기 시작한 다른 지역의 이야기들이 귀에 거슬렸다.

남편은 조심스럽게 다시 입을 열었다. "기억나? 작년에 집값 좋았을 때도 내가 팔자고 했잖아. 그때 팔았으면 지금보다 훨씬 더 넓은 집으로 이사할 수 있었을 텐데."

그러나 그 말을 듣는 순간, 아내의 표정이 싸늘해졌다.

"언제까지 그렇게 이사만 하면서 살 거야?"

두 사람의 대화는 또다시 멈춰 섰다. 결국 감정의 골만 깊어질 뿐 서로를 설득하는 데는 실패했다. 아내는 섭섭했고, 남편은 답답했다. 누구 하나 자신의 주장을 확실하게 관철하지 못한 채 어색한 침묵만 이어졌다.

며칠 뒤, 뉴스에서 부동산 시장이 급격히 얼어붙었다는 기사가 나왔다. 거래는 멈추었고, 집값도 서서히 내림세로 돌아섰다는 소식이었다. 남편은 말없이 뉴스를 보고 있었고, 아내는 그런 남편의 옆모습을 바라보며 불안감을 느꼈다.

시간이 흐를수록 그 불안은 현실이 되었다. 아파트 매수 문의가 줄어들었고, 가끔 오던 중개업소의 연락마저 뜸해졌다. 어느 날, 집 근처 중개업소에서 들린 부동산 업자의 말이 그들에게 뼈아프게 다가왔다.

"그때가 꼭지였는데… 지금은 다들 가격만 물어보고 거래는 없어요."

부부간 소통이 매우 중요

부동산 업자의 이 말에 남편과 아내는 서로를 쳐다보지 못한 채 조용히 중개업소 문을 나섰다. 집으로 돌아오는 길, 아내는 조심스럽게 입을 열었다.

"여보, 미안해. 그때 당신 말대로 했었어야 했는데, 내가 너무 고집을 부렸나! 봐."

남편은 고개를 저었다. "아니야, 내 탓도 커. 내가 좀 더 차근차근 설명했으면 좋았을 텐데. 당신이 왜 싫은지도 충분히 이해하지 못한 채 밀어붙이려고만 했어."

결국 아파트는 팔렸다. 그러나 이미 좋은 시기는 지나갔고, 그들이 얻은 이익은 처음 계획했던 것보다 한참 부족했다. 애초에 계획했던 더 좋은 동네로의 이사는 꿈도 꾸지 못한 채, 결국 근처의 작은 집으로 들어갔다. 아이는 불편한 마음을 안고 전학했고, 부부는 오랫동안 서로에게 미안한 마음을 떨쳐내지 못했다.

그날 밤, 오랜만에 둘은 깊은 대화를 나누었다. 서로를 비난하거나 변명하지 않고, 앞으로 어떻게 결정해야 하는지를 이야기했다. 결론은 명확했다.

"앞으로는, 서로가 끝까지 이야기를 듣자. 어떤 결정을 하더라도 둘이 함께 내리자."

"그래, 다음번엔 무슨 일이 있어도 혼자서 결정하지 말고 함께 결정하자."

부동산 상담을 하면서 전해 들은 한 부부의 사연이다. 실패는 누구 한 사람의 잘못이 아니었다. 하지만, 이 실패는 그들에게 소중한 깨달음을 남겼다. 투자라는 것은 단순히 타이밍을 잡는 기술만 중요한 것이 아니라, 서로의 마음을 읽고 설득하는 진정한 소통이 훨씬 더 중요하다는 사실을 말이다. 특히 부부간은 더욱 그렇다.

부동산 상담에 부부가 같이 오는 경우가 많은데, 대개 견해차가 있다. 그럴 때 조정하고 소통하는 것이 중요하다.

이제 D씨 부부는 부동산을 논할 때면 더 이상 서두르지 않는다. 조급하게 결정하기보다 천천히 서로의 의견을 나누고, 함께 생각을 맞춰간다. 그들이 얻은 가장 중요한 자산은 눈에 보이는 이익이 아닌, 서로에 대한 존중과 신뢰였다. 지금도 때때로 집값 이야기가 나올 때면 두 사람은 습관처럼 서로의 얼굴을 바라보며 이렇게 묻는다.

"당신 생각은 어때?"

비록 서툴고 느리지만, 그들 부부는 그렇게 함께하는 방법을 배우고 있다.

허위 매물과
사기를 조심하자

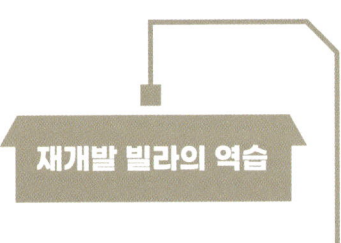

재개발 빌라의 역습

부동산 투자는 때로 인생을 바꿀 만큼 큰 기회를 가져다주지만, 간혹 큰 위기를 겪게

하는 위험도 존재한다. 그중 가장 흔한 피해 유형이 바로 허위 매물과 사기다. 부동산

업계에 있다보니 때로는 투자자들이 겪은 안타까운 피해경험담도 자주 접한다.

얼마 전 만난 직장인 F씨는 나에게 푸념했다.

"너무 싸다는 이유로 덥석 계약했다가 낭패를 보았어요."

시세보다 지나치게 저렴한 매물은 반드시 의심해야 한다.

저렴한 매물에 현혹되다

50대 중반 F씨의 사연은 이렇다. 그는 서울 변두리에 소형 빌라를 투자 목적으로 찾던 중, 시세보다 훨씬 저렴한 가격의 매물을 발견했다. 그는 급한 마음에 중개사의 말을 그대로 믿고 즉시 가계약금 1,000만 원을 이체했다. 그러나 계약금 입금 직후, 중개사는 태도를 바꾸며 갑자기 다른 매물을 권유하거나, 처음 안내한 집은 이미 계약이 끝났다고 말을 바꿨다. 결국 F씨가 계약했던 집은 존재하지 않는 허위 매물이었다.

다행히도 법적인 조치를 통해 계약금 일부를 돌려받았고, 전부 되찾기까지 6개월 이상의 긴 법적 다툼이 필요했다. F씨는 후회하며 말했다.

"싸다는 말에 현혹됐어요. 급할수록 더 신중히 확인해야 했는데, 지금 생각해도 너무 아쉽고 억울합니다."

40대 회사원 P씨는 서울의 한 오피스텔을 임대 목적으로 구매했다. 집 상태도 깨끗하고 위치도 좋아 마음에 들었고, 중개사도 문제가 전혀 없다고 강조했다. 그러나 실제 계약 후 등기부등본을 다시 확인했을 때, 해당 오피스텔에는 세입자 보증금 문제로 인한 가압류가 설정된 상태였다.

P씨는 중개사가 보여준 등기부등본을 너무 신뢰한 탓에 직접 확인하지 않고 계약을 진행한 것이 문제였다. 그 결과, 복잡한 법적 절차를 거쳐 보증금 채무 문제를 해결하는 데 큰 비용과 시간을 쏟아야 했다. 그는 후회하며 말했다.

"중개사가 보여주는 서류를 무조건 믿지 말고, 계약 직전 직접 등기부등본을 반드시 다시 한번 확인해야 합니다."

유령 집주인 계좌에 송금

내가 직간접적으로 들었던 사례 중 가장 안타까운 이야기는 20대 사회 초년생 J씨의 이야기였다. 서울에서 첫 직장을 얻은 그는 경제적인 부담을 줄이고자 전셋집을 찾았다. 너무 좋은 조건의 전셋집을 발견했고, 저렴한 가격에 좋은 입지까지 마음을 사로잡았다.

계약을 체결하고 전세금을 모두 입금한 뒤 얼마 지나지 않아, 충격적인 사실을 알게 됐다. 집주인은 실제로 존재하지 않는 유령 집주인이었고, 자신이 입금한 돈은 고스란히 사기꾼의 계좌로 빠져나간 것이다. 결국 전세금을 전부 잃고 법적 대응했지만, 이미 범인은 종적을 감춘 뒤였다. 그는 담담히 말을 꺼냈다.

"모든 과정이 너무 쉬웠어요. 그런데 바로 그게 함정이었죠. 너무 좋은 조건이라면 한 번 더 확인해야 했지요. 그때 조금 더 신중했더라면 하는 아쉬움이 큽니다."

부동산 투자에서 허위 매물과 사기 피해는 안타깝지만 매우 흔하다. 하지만 조금만 주의하면 충분히 피할 수 있다. 다음과 같은 원칙을 꼭 기억하자.

현장은 반드시 직접 확인하자.
현장 확인 없이 사진이나 인터넷 정보만으로 계약하는 건 매우 위험하다. 허위 매물의 경우 실제 현장에 가면 해당 매물이 존재하지 않거나 상태가 전혀 다를 가능성이 높다.

등기부등본은 직접 꼼꼼히 확인하자.

계약 직전에 등기부등본을 직접 열람하여 근저당권, 압류, 가압류 등 권리관계를 철저히 살펴보는 것이 필수다. 중개사에게만 의존하지 말고 스스로 꼭 확인해야 한다.

시세보다 너무 싼 매물은 의심하자.

시세보다 지나치게 싼 매물은 대부분 함정이다. 지역이나 실물도 보아야 하지만 매매자의 사정과 서류상 문제가 더 중요하다. 싸다는 이유로 급하게 계약하지 말고, 싼 이유가 합리적인지 반드시 확인해야 한다. 등기부등본과 건축물대장을 확인하고, 주변 시세와 비교 검증을 거쳐야 한다. 조금 번거롭더라도 공인중개사의 자격과 중개사무소의 등록 여부까지 확인하는 습관이 필요하다. 철저한 검증만이 사기를 막고, 투자 자산을 안전하게 지켜주는 가장 확실한 방법이다.

계약금 이체는 신중하게 하자.

계약금은 반드시 매물의 소유자 본인 명의 계좌로만 이체하고, 중개인의 계좌로 입금하라는 요청은 절대로 응하면 안 된다.

부동산 투자는 언제나 위험과 기회가 공존한다. 기회는 잡되 위험을 최소화하는 방법은 오로지 '신중함'뿐이다. 어떤 경우에도 섣부르게 결정하지 말고, 철저히 확인하며 작은 의심도 가볍게 넘기지 말자. 부동산 투자는 급하게 서두른다고 절대로 성공하지 않는다. 오히려 조금 느려도 확실한 선택이 투자 성공으로 가는 가장 빠른 길이다.

내가 만난 투자자들은 공통으로 이렇게 말한다.

"부동산은 부지런한 발품이고, 철저한 확인이다."

이 말을 꼭 기억하고 허위 매물이나 사기로부터 자신을 안전하게 지켜나가자. 투자에서 가장 중요한 자산은 결국 '당신 자신'이기 때문이다.

실패하지 않는 투자자들의
5가지 공통점

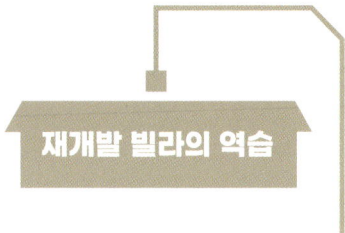

재개발 빌라의 역습

부동산 투자를 시작하면서부터 사람들을 많이 만났다. 성공한 투자자도 있었고, 안타깝게도 실패를 겪은 투자자도 있었다. 그들과 긴 대화를 통해 한 가지 흥미로운 사실을 발견했다. 그것은 성공적인 투자자들에게는 분명한 공통점이 있다.

내가 만난 수많은 투자자 가운데 지속적으로 수익을 내는 투자자들이 가진 공통점이 있다. 그들은 운에 맡기지 않고, 항상 데이터를 근거로 의사결정을 내린다. 또 성급히 움직이지 않고, 시장의 흐름을 읽을 줄 아는 인내심을 가지고 있다. 무엇보다도 실패를 두려워하지 않고, 오히려 경험으로 삼아 전략을 보완한다. 결국 성공의 비밀은 특별한 비법이 아니라, 원칙을 지키고 꾸준히 실천하는 태도에 있다.

확실한 투자 원칙과 명확한 목표가 있다

실패하지 않는 투자자들은 저마다 자신만의 명확한 투자 원칙과 목표를 가지고 있다. 그들은 단순히 돈을 벌겠다는 막연한 생각이 아니라, 구체적인 목표 수익률과 투자 기간을 미리 정해놓고 투자한다. 내가 아는 한 투자자의 이야기이다.

"내 목표는 연 7퍼센트의 꾸준한 수익률입니다. 그 이하나 그 이상에도 욕심내지 않습니다. 목표가 명확하면 흔들리지 않으니까요."

이처럼 뚜렷한 목표가 있으면 시장의 일시적인 변화나 감정적인 충동에 휘둘리지 않는다. 이것이 결국 안정적이고 지속적인 수익을 내는 비결이다.

발품을 아끼지 않는다

부동산 투자는 결국 '발품'이다. 실패하지 않는 투자자들은 공통으로 현장에 자주 방문하고, 발로 뛰며 정보를 수집한다. 인터넷과 서류상으로만 확인하는 정보와 현장에서 얻는 생생한 정보는 완전히 다르다. 직접 현장에 가서 중개사와 주민들과 이야기를 나누며 얻은 정보가 결국 정확한 투자 판단의 기반이 된다.

한 성공한 투자자는 이렇게 말했다.

"현장에 답이 있다는 말은 절대 틀리지 않아요. 열 번, 스무 번이라도 현장을 찾아갑니다. 그렇게 하면 반드시 다른 사람들은 못 보는 정보를 얻을 수 있죠."

리스크 관리 능력이 뛰어나다

성공한 투자자는 투자 시 반드시 위험을 함께 고려한다. 그들은 아무리 좋은 투자처라도 위험 요소를 철저히 분석하고 최악의 상황까지 대비한다. 위험 관리에 뛰어난 한 투자자의 이야기이다.

"투자하면서 손실이 나지 않는 게 중요한 게 아니라, 손실이 발생하더라도 이를 최소화하는 방법을 미리 준비하는 게 더 중요합니다."

즉, 실패하지 않는 투자자는 손실이 전혀 없는 사람이 아니라, 손실이 나더라도 작은 손실로 막을 줄 아는 사람들이다.

끊임없이 공부하고 정보를 업데이트한다

마지막으로 실패하지 않는 투자자들에게 가장 뚜렷한 공통점은 바로 '꾸준한 공부와 학습'이다. 부동산 시장은 늘 변한다. 성공한 투자자들은 절대 과거의 지식이나 경험에만 의존하지 않는다. 한 투자자에게 들은 말이다.

"부동산 투자에 끝이란 없습니다. 늘 공부하고, 늘 새로운 정보를 배우려고 노력해야 합니다. 그래야 시장 변화에 유연하게 대응할 수 있어요."

이들은 다양한 세미나에 참여하고, 책과 자료를 꾸준히 읽으며, 최신 부동산 추세와 정책 변화를 놓치지 않는다. 그 꾸준한 노력과 배움이 결국 이들을 성공으로 이끈다.

지금까지 내가 만나본 실패하지 않는 투자자들의 다섯 가지 공통점을 이야기해 보았다. 명확한 투자 목표, 발품을 팔며 현장을 뛰는 열정, 철저한 위험 관리, 감정을 배제한 이성적 판단, 끊임없는 공부와 정보 업데이트. 이 다섯 가지는 단지 일부 특별한 투자자들만의 능력이 아니라, 누구나 배워 익힐 수 있는 습관과 태도다.

부동산 투자는 복권이나 행운이 아니다. 체계적이고 꾸준한 노력의 결과다. 이제 당신도 이 다섯 가지를 기억하며, 성공의 길을 걸어보자. 누구나 성공적인 투자자가 될 수 있다. 당신 역시 가능하다.

감정보다 철저히 이성에 의존한다

실패하지 않는 투자자들은 결코 감정에 휘둘리지 않는다. 투자에서 감정적 판단은 큰 위험 요소가 된다. 시장이 급등하거나 급락하는 상황에서도 철저히 객관적이고 이성적으로 판단한다.

이들은 이렇게 강조한다.

"투자에서 감정은 적입니다. 데이터를 믿고 시장을 분석하세요. 사람들의 말이나 분위기에 흔들리지 않는 연습이 필요합니다."

이런 이성적 태도 덕분에 그들은 언제나 시장의 변화를 명확히 보고, 최적의 결정을 내릴 수 있다.

세 번의 빌라 투자,
인생이 바뀌다

재개발 빌라의 역습

서울 강북구 수유동의 낡은 빌라에서 전세로 살던 J씨는 하루하루가 불안했다. 빌라 주변은 어둡고 낡았으며, 밤이면 골목길이 무서워 아내와 아이를 걱정할 정도였다. 그러던 어느 날, 유튜브에서 빌라 투자에 관한 방송을 듣고, 그의 머릿속에 재개발 투자의 가능성이 떠올랐다. 수유동 자신이 거주하는 곳이 얼마나 낡아 있는지는 본인이 아주 잘 알고 있었다.

작은 용기로 시작한 빌라 투자

　J씨는 40대 후반의 평범한 직장인이었다. 큰돈이 없었기에 처음엔 두려움도 많았다. 하지만 작은 용기를 내어 재개발 빌라 투자의 문을 두드리기로 했다. 부동산 강의를 듣고 관련 책을 뒤져가며 공부한 끝에, 드디어 대출을 끼고 수유동에 있는 낡은 빌라를 샀다. 건물은 허름했지만, 공부 결과 미래의 가치가 있다는 확신이 들었다.

◀ 오르막에 위치한
빌라촌

　처음엔 쉽지 않았다. 투자한 빌라는 바로 재개발로 연결되지 않았고, 기간이 길어질수록 이자는 부담이 되었다. 그러나 그는 '인내'가 답이라는 것을 믿고 기다렸다. 3년의 긴 기다림 끝에 드디어 재개발 사업이 진행됐다. 투자한 빌라는 신축 아파트로 탈바꿈했고, 집값이 3배 가까이 올랐다.

첫 번째 성공의 맛을 본 J씨는 자신감을 얻어 두 번째 빌라를 찾기 시작했다. 이번엔 조금 더 전략적이었다. 역세권 주변을 살피고, 서울시 도시계획과 연계해 개발 가능성이 큰 지역을 선택했다. 두 번째 투자는 강서구 화곡동이었다. 그는 부모님께 자신의 처지를 설명해 드렸고, 약간의 종잣돈을 받았다. 부모님은 어차피 너의 몫이니 아들의 선택을 한번 믿는다며 밀어주셨다.

J씨의 빌라 투자는 이렇게 반복됐다. 강북 미아동에서 세 번째, 영등포구 대림동에서 네 번째 빌라 투자까지 이어졌다. 그의 투자 습관은 단순했지만 명확했다. 작은 빌라라도 재개발 가능성을 철저히 검토하고, 무엇보다 '인내'를 잃지 않는 것이었다. 빌라가 아파트가 되는 과정은 길었지만, 그 끝엔 언제나 큰 보상이 기다리고 있었다.

빌라 투자는 인내심 필요

그는 10년 간의 빌라 투자를 통해 경제적 자유를 얻었다. 작은 빌라 하나에서 시작한 그의 투자는 이제 한 채가 신축 아파트로 바뀌어 있었다. 빌라 1채는 매도하고 나머지 한 채는 가족의 미래라 볼 수 있다. 자녀들은 어두웠던 골목길 대신 환한 신축 아파트 단지에서 일상을 보내는 것이 가장 좋다고 만족해한다.

그는 재개발 투자에서 시간이 중요하다고 말한다.

"빌라 투자에서 가장 중요한 것은 인내다. 낡고 작은 빌라 한 채가

언젠가 내 인생을 바꿀 것이라는 믿음만 있다면, 기다리는 시간은 결코 길지 않다."

▲ 재개발 지역 추진위 사무실 현수막

몇몇 사람은 그런 빌라 투자를 통해서 3채를 지니면 세금이 아주 크지 않으냐고 묻는다. 하지만 J씨는 실제 3채의 투자를 해본 결과 세금 문제는 그리 크지 않았다고 말한다. 빌라 투자를 통한 수익이 그 세금을 상쇄하고도 남았다는 것이 그의 지론이다. 그의 성공담은 화려하지 않지만, 진실하고 현실적이다.

결국 빌라 투자는 단기간의 성과를 좇는 게임이 아니다. 기다림 속에서 축적되는 시간의 가치가 진짜 보상을 만들어낸다. 조급한 마음을 버리고 꾸준히 준비하는 사람만이 기회의 순간을 맞이할 수 있다. 빌라 투자에서 인내심은 단순한 덕목이 아니라, 성공을 보장하는 가장 강력한 무기다.

주말 5시간,
평범한 직장인의 투자 시작

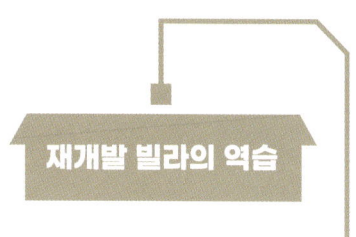
재개발 빌라의 역습

"이대로는 안 되겠다는 생각이 들었다."

중학생 동창인 한 친구가 내게 이런 말을 꺼냈다. 친구는 꼬박꼬박 들어오는 월급이 삶에 안정감을 줬지만, 동시에 미래에 대한 막연한 불안을 느끼고 있었다. 수년간 정체된 통장 잔액, 하루가 다르게 오르는 아파트 가격, 그리고 아내와 아이의 미래까지 생각하면 한숨이 절로 나왔다.

그때 친구가 선택한 방법은 주말마다 단 5시간을 투자 공부와 임장에 쓰는 것이었다. 처음엔 작은 습관이었지만, 시간이 쌓이며 눈이 열리고 기회가 보였다. 결국 그는 첫 빌라 투자에 성공하며 '나도 할 수 있다'는 자신감을 얻었다.

월급만으로 부족한 현실

친구는 결혼하고 아이가 태어나면서, 현실이 더욱 뚜렷해졌다고 이야기했다. 아이의 교육비, 가족의 안정적인 미래, 그리고 자신의 노후까지 생각하면 월급만으로는 부족했다. 아파트는 너무 멀게만 느껴졌고, 청약 당첨은 하늘의 별 따기처럼 보였다. 그런 그가 우연히 '빌라 전세 투자'라는 키워드를 유튜브에서 접하게 되었다.

처음엔 반신반의했다. 주변에선 빌라는 위험하고 사기에 노출될 가능성도 많다는 말만 들었기 때문이다. 하지만 영상 속 평범한 직장인이 소액으로 투자에 성공한 경험담을 차분히 풀어나가는 모습에 친구는 마음이 흔들렸다. 그 후 친구들을 수소문하여 나에게 연락을 해 온 것이다.

"정말 나도 할 수 있을까?"

그러나 현실은 녹록지 않았다. 친구의 직장생활은 바빴고, 평일은 업무와 야근으로 정신없이 지나갔다. 일요일은 가족과 약속된 소중한 날이기에 양보할 수 없었다. 그에게 남은 시간은 오직 토요일 오전의 5시간뿐이었다.

친구는 작은 가방에 투자 관련 자료들을 챙겨 들고 무작정 집을 나섰다. 첫 주말, 강북구, 도봉구, 광진구 일대의 빌라들을 직접 돌아다녔다. 처음에는 부동산 중개사가 하는 말이 무엇을 의미하는지조차 헷갈렸다. '등기부등본'이라는 말도 생소했고, '전세가율', '선순위 근저당'과 같은 단어들은 더욱 어려웠다. 하지만 직접 현장에 나가서 보고 묻고 확인하면서, 점차 투자자로서의 눈이 열리기 시작했다.

세 번째 주말이었다. 그는 서대문구 북가좌동에서 깔끔한 신축 빌라를 만났다. 전세가율은 85퍼센트로 투자에 적합했고, 세입자도 안정적이었다. 하지만 막상 계약서를 쓰기까지는 많은 고민이 필요했다. 여러 번 방문하고, 나의 조언을 받고 나서야 겨우 도장을 찍을 수 있었다. 손에 땀이 밴 그 순간을 친구는 지금도 선명히 기억한다고 했다.

잔금을 치르고, 취득세를 납부하면서 그는 비로소 깨달았다.

'아, 나도 이제 정말 투자자가 되었구나.'

물론 현실은 생각만큼 쉽지 않았다. 세입자의 전입신고가 지연되어 자칫 보증금 반환 일정에 차질이 생길 뻔했고, 매매 시장은 예상보다 활발하지 않아 걱정도 많았다. 그러나 이런 시행착오 속에서 친구는 빠르게 성장했다. 두 번째 투자는 첫 번째보다 훨씬 수월했고, 세 번째 투자에선 명확한 수익까지 냈다.

휴식을 양보해 만든 5시간

친구는 여전히 평범한 직장인이다. 매일 아침 9시에 출근하고, 하루 종일 컴퓨터 앞에서 일한다. 하지만 분명 달라진 게 있다. 이제 그는 자신을 '투자자'라고 부른다. 그리고 주말의 짧은 5시간이 얼마나 큰 가능성을 품고 있는지 몸소 체험했다.

"시간이 없어서 못 해요."

사람들이 흔히 하는 말이다. 친구 역시 그랬다. 하지만 시간이 없다는 건 결국 핑계였다. 시간은 만들기 나름이었다. 토요일 아침 조금 덜 자고, 휴식을 조금 양보해 만든 그 5시간이 그의 인생을 바꿨다.

빌라 투자는 특별한 사람만 할 수 있는 것이 아니었다. 중요한 건 커다란 용기가 아니라 작은 결심, 꾸준한 발품, 그리고 행동이었다. 친구가 강조한 말이 아직도 내 귓가에 맴돈다.

"가장 값진 건 돈이 아니라 경험이야. 그 경험은 결국 아주 작은 첫걸음에서 시작되었어."

만약 당신이 아직도 투자를 망설이고 있다면, 지금 당장 크게 시작할 필요는 없다. 매주 토요일 5시간이면 충분하다. 천천히 자료를 챙기고 현장으로 발품을 팔고, 용기를 내어 첫 계약서에 도장을 찍어보자.

주말의 짧은 5시간, 이 작은 시간이 당신에게 가져다줄 기적을 나의 친구가 이미 증명해 보였다. 이제 당신 차례다. 작지만 의미 있는 첫걸음, 지금 바로 시작해 보자. 주말의 5시간이 가져오는 놀라운 변화의 주인공이 바로 당신이 될 것이다.

2030 세대,
부동산 투자는 필수다

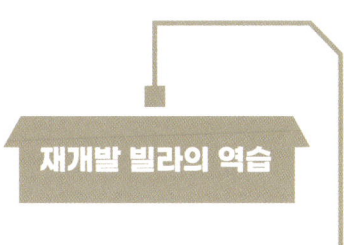

재개발 빌라의 역습

"부동산이요? 그건 저랑 전혀 상관없다고 생각했어요."

20대 후반 회사원인 M씨의 목소리엔 후회가 짙게 묻어 있었다. 대학을 졸업하고 안정적인 중견기업에 취직했지만, 그의 월급 통장은 늘 비슷한 속도로 채워졌다가 빠져나가기를 반복했다.

친구들과 주말마다 찾는 유명 맛집과 카페, 소소한 해외여행, 스마트폰 신제품과 명품 가방에 관심이 많은 그는 은행에서 ISA(개인종합자산관리계좌)를 만든 게 재테크의 전부였다.

집은 먼 미래의 이야기인가?

M씨는 '집은 먼 미래의 이야기'라는 생각에, 부동산을 철저히 외면했다. 그러다 2024년 가을, 오래간만에 만난 대학 동기가 집들이에 초대했다. 동기가 산 집은 서울 은평구 역세권에 있는 작은 빌라였다. 처음 M씨는 친구의 집을 보며 약간의 안쓰러움을 느꼈다. 강남도 아니고 새 아파트도 아닌, 작은 빌라에 무리해서 투자한 게 아닐까, 생각했다. 하지만 그 친구의 얘기를 들으면서 M씨는 점점 말이 없어졌다.

그 친구가 빌라를 산 건 불과 2년 전이었다. 신혼부부였던 그 친구는 집값이 빠르게 오르는 상황에서, 도저히 아파트는 꿈도 못 꾸고 대신 역세권에 있는 빌라를 매입했다. 주변 사람들은 "빌라는 오르지 않는다."라며 말렸지만, 그는 자신이 가진 돈으로 가능한 제일 나은 선택이라고 믿었다. 그런데 시간이 지나 그 지역이 '역세권 재개발'로 지정되면서 집값이 크게 뛰었다. 친구가 샀던 2억 원짜리 빌라는 이미 4억 원을 넘어섰고, 앞으로 지정 확정과 조합설립에 따라 더 오를 가능성이 높다고 했다.

M씨는 그제야 정신이 번쩍 들었다. 자신이 가볍게 쓰며 흘려보냈던 지난 2년의 소비를 떠올렸다. 만약 그때 명품 가방이나 여행 한두 번을 포기하고, 그 돈으로 종잣돈을 모아 빌라를 샀더라면 어땠을까? 친구가 얻은 자산 상승을 보며 그는 인제야 부동산을 멀리한 지난 시간이 커다란 실수였음을 인정할 수밖에 없었다.

▼ 2025년 7월 말 공급의 속도를 강조하는 서울시 보도자료

2025. 7. 25.(금) 조간용
이 보도자료는 2025년 7월 24일 오후 14:00부터 보도할 수 있습니다.

동행·매력 특별시 서울 SEOUL MY SOUL

보도자료

담당부서: 주택실 주거정비과			
	주거정비과장	김동구	2133-7190
	주거정비정책팀장	김지호	2133-7205
사진없음 □ 사진있음 ■ 쪽수 : 9쪽	재개발관리팀장	장도영	2133-7183

서울시 "공급 확대 넘어 이제는 공급 속도전"… 입주시기 5년 이상 당긴다

- 주택시장 정상화 전략 담은 「주택 공급 촉진 방안」 발표, 지정~완공 5.5년 단축
- 재개발 주민동의서 일원화·구역 지정·조합구성 동시 진행… 1년 내 조합설립 완료
- 행정절차 '사전·병행처리제도' 도입… 사업 효율성 높여 조합설립 후~착공 8.5년 ~~6년~~
- 정비사업 全단계 '처리기한제' 도입, '공정촉진·갈등관리책임관' 지정… 인허가 지연 '제로'
- 24일(목) 오 시장, 20년간 표류 '신당 9구역' 방문… 자양4동에 이은 두 번째 행보
- 신당 9구역 규제철폐 3호 첫 적용, 고도지구 높이·공공 기여율 완화로 사업성 확보

□ 서울시가 주택 공급 확대는 물론 공급 속도를 최대한 끌어올려 '주택
  시장 정상화'를 집중한다. 정비사업 전 과정에 걸친 '처리기한제' 도입
  으로 정비구역 지정기간을 대폭 단축하고, 보조금 지원 요건과 절차도
  과감하게 줄여 조합설립을 1년 안에 끝낼 수 있도록 지원한다. 또 순
  차적으로 추진하던 행정절차를 동시에 진행하고, 인·허가 절차도 개선
  해 평균 18.5년 이상 걸리는 정비사업 기간을 평균 13년으로 혁신적
  으로 줄인다는 계획이다. 입주시기가 무려 5.5년이나 앞당겨지는 셈이다.

- 1 -

1세대 1주택자 비과세 혜택 중요

사실 M씨 같은 20대 청년은 많다. 2030 세대 중 상당수가 부동산을 어렵고 먼 이야기로 여긴다. "아파트는 이미 비싸서 안 되고, 빌라는 오르지 않는다."라는 잘못된 편견 속에서, 아무런 시도도 하지 않고 시간을 흘려보낸다. 하지만 최근 서울 빌라 시장은 완전히 달라졌다. 2025년 들어 연립·다세대 주택의 월 거래량은 3,000건을 넘어서며 시장이 뚜렷하게 살아나고 있다. 서울시의 '모아 주택', '가로주택 정비사업', '신속 통합기획' 등으로 소규모 재개발이 활성화되면서, 빌라가 아파트로 재탄생하는 사례가 부쩍 늘어났다.

빌라는 더 이상 예전의 빌라가 아니다. 지금은 소액으로도 시작할 수 있는 자산 투자처이자, 빠르게 주거 환경이 개선되면서 실수요가 꾸준히 증가하고 있는 부동산 시장의 새로운 중심으로 떠오르고 있다. 엘리베이터는 기본이고, 주차 시설과 시스템 에어컨까지 갖춘 신축급 빌라들도 많아졌다. 또한, 정부가 공시가 5억 원 이하의 빌라 소유자에게도 청약 시 무주택 자격을 인정하면서, 청약을 꿈꾸는 젊은 세대에게도 부담 없는 자산으로 평가되고 있다.

무엇보다 중요한 것은, 부동산 투자의 진짜 가치는 '시간'에 있다는 점이다. 빌라는 지금 당장 화려하거나 남들의 부러움을 살 만한 곳은 아닐 수 있다. 하지만 빌라는 서울의 땅 위에 존재하는 가장 현실적인 자산이며, 시간이 흐를수록 자연스럽게 가치가 올라갈 수밖에 없다. 적은 투자금으로도 진입 가능하고, 나중에 아파트 분양권으로 변신하는 현실적인 시나리오도 얼마든지 가능하다.

또 하나 주목해야 할 빌라 투자의 장점은 장기 보유 시 적용되는 세제 혜택이다. 흔히 "집은 사는 순간이 아니라, 오래 보유할수록 진짜 가치를 드러낸다."라고 말한다. 특히 1세대 1주택자가 일정 기간 이상 해당 주택에 실거주하거나 보유했을 경우, 양도소득세 비과세 또는 대폭 감면 혜택을 받을 수 있다.

예컨대 실거주 2년 이상 조건을 충족하고 보유기간이 10년을 넘는다면, 양도차익이 수억 원이라 해도 세금이 거의 없다. 이는 결국 "시간이 일하게 만든다."라는 부동산 투자의 기본 원칙과도 맞닿아 있다. 단기 매매로 빠른 수익을 노리기 보다, 소형 빌라 한 채라도 장기적인 안목으로 접근한다면 세금 측면에서 훨씬 유리한 결과를 만들 수 있다. 젊을 때 미리 시작한 한 채의 투자가, 나중엔 노후 자산의 핵심이 되는 이유가 바로 여기에 있다.

M씨는 그 친구와의 대화를 통해 뒤늦게야 깨달았다. 그동안의 소비가 쌓인다면 행복도 남겠지만, 자산도 함께 남을 수 있었는데 말이다. 그는 이제 말한다. "이제라도 작은 빌라 하나라도 사야겠어요. 다시는 기회를 놓치고 싶지 않습니다."

그의 사례는 많은 2030 세대에게도 시사하는 바 크다. 부동산은 결코 먼 미래의 이야기가 아니다. 지금, 이 순간 작은 용기를 내서 작은 빌라 하나라도 시작한다면, 그 결정은 앞으로 다가올 당신의 10년, 20년을 크게 바꿔놓을 것이다.

6
PART

빌라 투자 후,
미래를 보는 눈

새로운 기회가 된
낡은 빌라

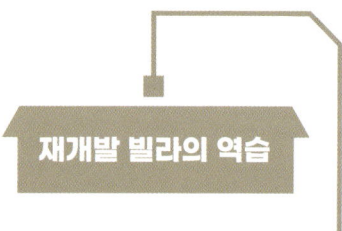

재개발 빌라의 역습

서울의 주택시장은 오랜 세월 동안 아파트 중심으로 움직여왔다. 재개발·재건축이라는 이름 아래 수많은 저층 주택이 허물어졌고, 그 자리에는 고층 아파트가 들어섰다. 그러나 시간이 지나면서 우리는 한 가지 현실과 마주하게 된다. 모든 지역이 재개발이나 재건축의 혜택을 받을 수는 없다는 것이다. 특히 빌라 밀집 지역이나 소규모 필지가 많은 곳은 사업성이 낮아 외면받기 일쑤다.

그렇다면 이 지역들은 영원히 낡은 채로 남아야 할까? 답은 '아니다'다. 소형 주택 리모델링과 소규모 빌라 재건축이 조용히 주목받고 있다. 무대 위의 주연은 아니지만, 분명 도시 주거 문제를 해결할 수 있는 숨은 카드다.

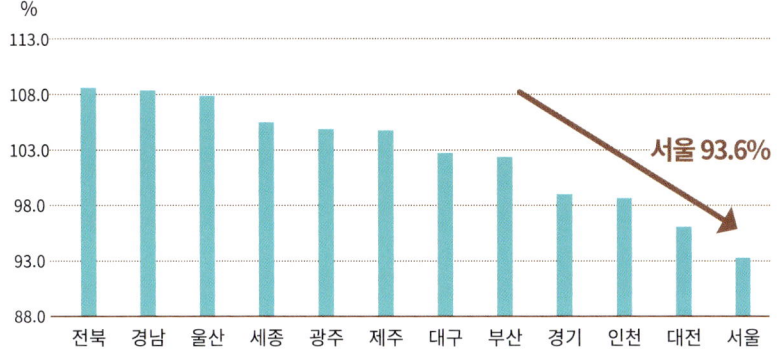

| 시도별 주택보급률 |

서울만 부족해지는주택 ··· 보급률 14년만에 최저

2023년 시도별 주택보급률 전국102.5%

서울 93.6%

▲ 서울의 주택공급은 상승하는 땅값으로 인해 감소할 수밖에 없다.

'손질'해서 다시 태어나는 빌라

리모델링은 말 그대로 기존 건물을 '손질'해서 새롭게 태어나게 하는 작업이다. 벽지를 새로 바르고, 주방을 교체하고, 욕실을 재단장하는 단순한 공사에서부터 구조를 바꾸는 대규모 개조까지 그 범위는 다양하다. 중요한 것은 비교적 적은 비용으로 공간의 질을 획기적으로 개선할 수 있다는 점이다. 특히 낡은 빌라의 경우, 내부 구조만 바꿔도 임대료 상승이나 매매가 상승으로 이어지는 경우가 많다.

실제로 서울 관악구 신림동의 한 낡은 빌라는 30년이 넘은 외관에 좁은 복도, 낡은 욕실 때문에 오랫동안 공실이었다. 집주인은 고민을 거듭한 끝에 리모델링을 결심했다. 내부구조를 스튜디오형 원룸으로 바꾸고 중문과 시스템 에어컨을 설치한 결과, 한 달도 되지 않아 임차인을 구할 수 있었다. 인테리어에 들어간 비용은 약 2,000만 원. 그러나 보증금과 월세를 모두 올려 기존보다 연 500만 원 이상의 수익이 발생했다. 작지만 강력한 변화였다.

리모델링은 특히 '중간 지대'에 있는 건물들에 의미가 크다. 즉, 헐기도 아깝고 새로 짓기도 애매한 건물들 말이다. 서울 전역에는 이런 20년 이상 된 빌라들이 수없이 많다. 이들을 한 채 한 채 다 허물고 새로 짓는 것은 물리적으로도, 행정적으로도 한계가 있다. 따라서 부분적 개선을 통해 수명을 연장하고 수익을 극대화하는 실용적 전략이 필요한 시점이다.

골목의 중심에는 빌라 재건축

반면 빌라 재건축은 더 큰 결단을 요구한다. 재개발이나 아파트 재건축과 달리, 빌라 재건축은 '규모의 경제'가 어렵다. 사업성이 낮아서 시공사나 조합의 참여도 낮고, 주민 간의 합의도 쉽지 않다. 그러나 서울시가 소규모 정비사업을 적극 장려하면서 분위기는 조금씩 달라지고 있다.

예를 들어 '자율주택 정비사업'은 단독주택이나 다세대 주택 두세 채만 모여도 가능한 정비사업이다. 주민이 직접 사업 주체가 되어 건물을 허물고 다시 짓는 방식인데, 조합설립이 필요 없고, 공공의 지원도 받을 수 있다. 특히 일정 조건을 만족하면 시공비 일부를 지원받거나 인허가 절차를 간소화하는 혜택도 있다.

서울 양천구 신정동의 한 골목에서도 이런 빌라 재건축이 성공적으로 진행됐다. 4채의 낡은 빌라를 허물고 소형 아파트형 주택으로 재건축한 사례다. 지하 1층, 지상 4층 규모의 신축 건물에는 총 12세대가 들어섰고, 준공 직후부터 대부분이 분양되었다. 과거 이 지역의 주택들은 매매가도 낮고 거래도 드물었지만, 재건축 이후 주변 시세를 견인하는 역할까지 하게 되었다.

　　물론 리모델링과 소규모 재건축에는 한계도 존재한다. 첫째, 수익률이 확실하지 않다. 공사비는 고정되어 있지만, 임대료나 매매가는 시장 분위기에 따라 달라진다. 둘째, 시공 품질과 설계 역량에 따라 결과물이 크게 좌우된다. 값싼 자재나 미흡한 설계로 인해 기대 이하의 결과가 나오는 경우도 적지 않다. 셋째, 무엇보다 행정적인 장벽이 크다. 용도지역, 대지건물비율, 용적률 등 도시계획 요소에 따라 사업 자체가 불가능할 수도 있다.

　　하지만 이런 현실적인 제약에도 불구하고, 리모델링과 빌라 재건축은 분명 하나의 '대안'이다. 특히 서울처럼 땅이 좁고, 수요는 많은 도시에서는 중·저밀도 주거지의 재생이 도시 전체의 품격을 좌우한다. 무조건 고층 아파트만이 해답은 아니다. 오래된 골목이 새 옷을 입고, 낡은 건물이 새 생명을 얻을 때, 도시도 함께 살아난다.

　　투자자 처지에서도 이 흐름은 흥미롭다. 초기 자본이 많지 않더라도 적절한 입지와 전략이 있다면 충분히 경쟁력 있는 수익을 기대할 수 있다. 중요한 것은 숫자만 보지 않고, '삶의 질'을 고려하는 시각을 갖는 것이다. 2040년의 서울은 고층보다 골목이 중요해질 수도 있다. 그리고 그 골목의 중심에는 리모델링과 빌라 재건축이 있을 것이다.

10년 뒤를 내다보는
서울의 미래

부동산은 언제나 미래를 묻는다. 그 미래는 머지않은 시간에서 결정된다. 지금 우리가 바라보는 땅값은 10년 전 누군가가 선택하는 결과다. 그래서 우리는 늘 10년 뒤를 먼저 생각해야 한다. "앞으로 어디가 오를까?" 이 질문은 이제 "어디에 사람들이 모이고, 어디에서 살아야 삶이 더 편리해질까?"로 바뀌어야 한다.

미래를 읽으려면 지도를 보기 전에, 먼저 흐름을 봐야 한다. 정책의 방향, 인구 이동, 도시 구조의 재편이 어디에서 일어나고 있는지를 짚는 것이다.

동북권, '서울의 중심'으로 올라선다

　창동, 상계, 청량리, 왕십리 일대는 그동안 '저렴한 서울'의 대명사였다. 하지만 더는 아니다. 서울시는 2040년 도시계획의 핵심 축으로 동북권을 밀고 있다. 창동에는 서울아레나, 바이오산업단지, 복합환승센터 등이 들어서고, 청량리는 GTX-B, C 노선과 기존 KTX, ITX까지 만나는 교통 허브가 된다. 여기에 상계에는 로봇과 의료 중심의 융복합 산업단지가 들어선다.

　중요한 건 이 지역이 '생활권 중심지'로 재편된다는 점이다. 단순한 교통 요지가 아니라, 일자리와 여가, 주거가 동시에 이뤄지는 공간으로 재구성되고 있다. 지금은 낮은 가격과 느린 개발이 아쉬운 지역이지만, 10년 뒤에는 '중심축'으로 떠오를 가능성이 크다.

서남권, 낡은 땅 위에 새로운 산업이 깃든다

　영등포, 구로, 가산, 마곡 일대는 산업의 중심지였다. 오래된 공장, 낙후된 업무지구 이미지도 함께 있었다. 하지만, 이 일대에 변화가 빠르게 일어나고 있다. 마곡은 이미 LG, 롯데, 코오롱 등 대기업 본사들이 입주했고, 바이오 산업벨트로 성장 중이다. 가산디지털단지는 IT 벤처들이 몰리고 있고, 영등포와 신길은 신통기획에 따라 초고밀 재개발이 예고되어 있다.

　무엇보다 주목할 곳은 '신도림'과 '문래'다. 둘 다 교통은 좋지만 오래된 주거지 이미지가 강했다. 그러나 요즘 신도림은 업무지구와

2025. 6. 26.(목) 석간용
이 보도자료는 2025년 6월 26일 오전 06:00부터 보도할 수 있습니다.

동행·매력 특별시 서울

보도자료

담당부서 : 주택실 주거정비과
사진없음 ■   사진있음 □   쪽수 : 6쪽

주거정비과장	김유식	2133-7190
주거정비정책팀장	김지호	2133-7205

정비사업 숨통 트인다⋯ 서울시, '3종 규제철폐'·선(先)심의제 전격 시행

- 6.26. 「2030 도시·주거환경정비기본계획」 변경 고시, 즉시 효력 발생⋯ 핀셋 규제완화
- ▲높이규제지역 공공기여 완화 ▲입체공원 도입 ▲역세권 준주거 종상향⋯ 3종 기준 구체화
- '선(先)심의제' 시행, 동의율 부족으로 지연된 정비계획 심의 가능해져, 사업 기간 대폭 단축
- 시, "3종안 시행 여건 어려운 사업대상지 숨통 트일 것, 규제혁신 지속 정비사업 활성화"

□ 서울시가 6월 26일 정비사업 3종 규제철폐안을 담은 '2030 도시·주거환경정비 기본계획'을 최종 변경 고시하고 현장에 즉시 시행한다. 이는 지난 1~2월 규제철폐 방안 발표 이후 약 5개월 만의 성과로, 사업성이 낮은 지역의 위기를 타개하기 위한 특단의 조치다.

○ 시는 규제철폐안 발표 직후 법적 실행력 확보를 위해 후속 절차를 신속하게 이행했다. 3월 주민공람, 4월 시의회 의견청취, 5월 도시계획위원회 심의를 모두 마무리해 행정적 절차를 속도감 있게 완료했다.

□ 정비사업 규제철폐안은 ▲높이규제지역 공공기여 완화 ▲정비사업 입체공원 조성 시 용적률 완화 ▲사업성 낮은 역세권 준주거 종상향 기준 구체화 등 3가지다. 여기에 재개발사업 정비계획 입안 전 주민 동의율 확보와 관계없이 도시계획위원회 심의를 바로 진행할 수 있

- 1 -

쇼핑몰, 주거단지가 결합한 복합 지구로 탈바꿈하고 있고, 문래는 '도시재생'의 모델로 떠오르고 있다. 10년 뒤 서남권은 단순한 주거지에서 '살고 일하는 도시'로 재편될 것이다.

도심권, 다시 살아나는 서울의 본모습

한양도성, 종로, 을지로, 충무로, 동대문 일대는 과거 서울의 심장이었다. 하지만 너무 오래된 기반과 낙후된 이미지로 그동안 주목받지 못했다. 그러나 최근 몇 년 사이, 도심의 분위기가 달라지고 있다. 젊은 예술가와 디자이너들이 다시 을지로로 모여들고, 을지 트윈타워, 동대문디자인플라자(Dongdaemun Design Plaza) 도심 재생 프로젝트가 속속 진행되고 있다.

특히 서울시는 도심 내 용적률 상향, 35층 고도 제한 해제, 업무지구와 주거의 혼합 구조를 허용하면서 이 지역을 '살아있는 도심'으로 만들 계획이다. 종로와 을지로, 청계천 라인은 10년 뒤 '도심 주거의 새로운 프리미엄'이 될 수 있다. 오래된 만큼, 새롭게 바뀔 여지가 가장 많은 곳이다.

강남권, 더 올라가기보다 선택과 집중

강남은 이미 프리미엄이 형성된 지역이다. 압구정, 대치, 청담, 삼성동 등은 앞으로도 서울 부동산의 '상징성'을 유지하겠지만, 성장률 관점에서는 '선택과 집중'이 필요한 시점이다. 예를 들어 대치동 학군 수요는 여전하겠지만, 중층 재건축의 속도는 늦어지고 있다. 반면 반포는 신축 아파트와 한강 변 입지를 바탕으로 여전히 수요가 탄탄하다. 10년 뒤 강남은 '전체가 오르는 지역'이 아니라 '핵심만 살아남는 지역'이 될 가능성이 크다. 모든 강남이 강남인 시대는 이제 끝났다. 진짜 강남만 살아남는다.

서북권, 낙후에서 중심으로

서울의 서북권, 즉 은평구, 서대문구, 마포구 일대는 그동안 강북의 변두리로 여겨졌다. 도심과는 어정쩡하게 떨어져 있고, 강남처럼 화려하지도 않아서 상대적으로 소외된 인상이 강했다. 하지만 최근 들어 이 일대가 빠르게 달라지고 있다. 서울시의 도시 정비 사업이 대규모 아파트 단지만이 아닌, 생활 기반 중심의 '작지만 탄탄한 변화'로 방향을 튼 대표적 지역이 바로 서북권이다. 이곳의 핵심 키워드는 '녹색', '소규모 정비', 그리고 '생활 중심 개발'이다.

은평구는 '모아타운'과 '신속 통합기획'의 1순위 대상지로 꼽히며, 2025년 현재 서울시 재개발 신청 접수 1위를 기록하고 있다. 그만큼 노후 주거지의 정비 수요가 강하고, 실제 거래량도 급증했다. 수색·증산 일대는 서북권 최대의 교통 요충지로 부상 중이다. 수색역 복합개발, 월드컵대교 개통, 상암DMC와의 연결성 강화 등은 이 지역을 더 이상 강북의 외곽으로 보지 않게 만들고 있다.

서대문구는 교육·의료·행정이 조화를 이루는 '주거 안정권'으로, 홍제·북아현·연희동 일대의 주거지 재생이 본격화되고 있다. 마포구는 여전히 홍대와 합정, 망원을 중심으로 젊은 세대의 창업과 문화 소비 중심지로서의 위상을 지키고 있다. 특히 DMC(디지털미디어시티)와의 시너지, 상암·가재울 뉴타운의 완성, 연트럴파크와 경의선 숲길이 주는 라이프스타일의 질감은 다른 지역과 차별화된 강점이다.

| 수색 역세권 복합개발 사업 |

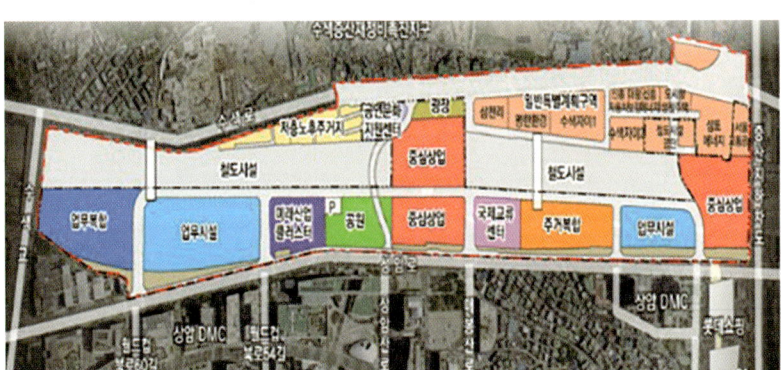

땅값을 보지 말고, 흐름을 보라

부동산은 멈춰 있는 자산이 아니다. 매일 바뀌고, 매년 재편된다. 지도는 똑같이 보이지만, 안에서 흐르는 정책, 기반, 인구 이동, 산업

변화는 매일 달라진다. 그래서 10년을 보려면 지도를 보는 눈보다 흐름을 읽는 감각이 중요하다. 서울은 계속 바뀌고 있다. 그리고 변화는 조용히, 그러나 확실히 진행된다. 지금 눈에 잘 안 보인다고 해서 10년 뒤에도 그대로일 것이라고 생각하면 안 된다. 도시는 흐름을 탄다. 그리고 그 흐름 위에 먼저 올라탄 사람만이, 10년 뒤 웃게 된다.

미래는
'삶의 방식'이 중요

재개발 빌라의 역습

주택은 시대의 거울이다. 사람들의 생각과 기술의 발전, 도시의 철학이 주택 구조에 고스란히 반영된다. 과거에는 '살LIVE 수 있는 집'이 중요했다면, 이제는 '어떻게 살고 싶은가?'가 주택의 가치가 된다. 이제 우리는 아파트 평수나 방 개수보다, 거실이 얼마나 유연하게 쓰일 수 있는지, 집 안에서 어떤 경험이 가능한지를 더 따진다.

미래 주택의 중심은 공간이 아니라 사람이다. 그리고 그 사람의 삶을 얼마나 잘 담아낼 수 있는지가 미래 주택의 핵심이 된다.

미래 주택은 플랫폼

미래의 주택은 더 이상 '건축물'이 아니다. 이제는 '플랫폼'이다. 잠을 자고 밥을 먹고 씻는 단순한 기능만 제공하던 집에서, 일하고, 운동하고, 여가를 즐기고, 관계를 맺는 공간으로 진화하고 있다. 실제로 팬데믹 이후 등장한 추세 중 하나가 '국내 사무실'이다. 작은 방 하나라도 작업 공간으로 쓸 수 있는 구조가 인기를 끌었다. 더 나아가 최근에는 주방 옆에 작은 워킹 데스크를 설치하거나, 복층을 작업 공간으로 나누는 구조가 눈에 띈다. 집이 곧 사무실이고, 운동장이며, 스튜디오가 되는 시대가 이미 시작된 것이다.

대한민국은 이제 명실상부한 1인 가구의 시대다. 전체 가구의 3분의 1이 '혼자' 산다. 이 흐름은 주택 구조를 바꾸고, 주거 형태를 새롭게 설계하게 만들고 있다. 작고 효율적인 구조, 스마트한 수납, 혼자서도 안전하게 지낼 수 있는 보안 시스템이 기본이다. 혼자서 살아도 외롭지 않도록 커뮤니티 공간을 제공하는 '코리빙하우스'도 확산 중이다. 젊은 층은 혼자 살되 '공유 주방, 공유 거실'을 갖춘 주택을 더 선호하기도 한다. 미래의 주택은 크기가 아니라 '관계의 설계'가 중요해진다.

스마트라이프의 시대

미래 주택을 말할 때 빠질 수 없는 키워드가 '스마트홈'이다. 하지만 단순히 앱으로 조명 켜고 끄는 수준은 이미 기본이다. 앞으로의 주택은 거주자의 행동을 학습하고, 스스로 최적의 상태를 만들어내는 '능동형 공간'이 될 것이다.

예를 들어, 실내 공기질을 자동으로 감지해 환기해 주고, 수면 패턴에 따라 조명과 온도를 조절해 주는 시스템은 이미 상용화 중이다. 집이 더 이상 무생물이 아니라, 살아 움직이는 존재처럼 거주자의 삶을 함께 설계해 주는 조력자가 되는 것이다.

서울시가 발표한 '2040 도시계획'의 핵심 키워드는 '보행일상권'이다. 즉, 주거와 일자리, 여가 공간이 도보 30분 이내에 모두 해결되는 도시를 만든다는 계획이다. 이 말은 곧, 주택이 단독으로 존재하는 것이 아니라, 하나의 생활 네트워크 안에서 재설계된다는 뜻이다.

앞으로의 주택은 역세권보다 '생활권 중심'으로 바뀔 것이다. 커뮤니티 시설, 공원, 의료시설, 공유오피스 등과의 연결성이 주택의 가치가 되는 시대. 결국 주택은 '혼자 잘 지은 집'보다 '함께 연결된 공간'이 더 높은 평가를 받게 된다.

주택 추세의 변화는 결국 사람의 삶이 바뀌는 과정이다. 미래 주택이란 더 나은 삶을 위한 해답이어야 한다. 고정된 구조를 버리고, 유연한 공간을 만들고, 기능이 아니라 사람 중심의 설계를 한다면, 주택은 단지 머무는 곳이 아니라 진짜 '사는 곳'이 될 수 있다.

앞으로의 집은 이렇게 묻는다.

"당신은 이 집에서 어떤 하루를 살고 싶은가요?"

그 물음에 설득력 있게 대답할 수 있는 공간. 그것이 미래 주택의 본질이다.

젖소 한 마리로
우유를 확보하라

재개발 빌라의 역습

퇴직은 끝이 아니다. 그저 '정기적인 소득'이 끊기는 시간일 뿐이다. 몸은 여전히 건강하고, 세상에 대한 관심도 많고, 살아갈 시간은 길다. 문제는 이제 매달 통장에 꽂히던 월급이 없다는 것이다. 그래서 사람들이 퇴직 이후에 가장 먼저 떠올리는 건 '이제 뭘 먹고 살지?'라는 질문이다. 누구는 자영업을 생각하고, 어떤 이는 주식 투자를 시작한다. 하지만 낭만은 현실 앞에서 오래 버티지 못한다. 그래서 점점 사람들이 '연금형 자산'이라는 키워드를 더 눈여겨보기 시작한다.

고기를 한 마리 잡아 한 번에 먹는 것이 아니라, 젖소를 키워 매달 우유를 받듯, 꾸준하고 안정적인 수익을 만들어주는 자산이 필요하다.

퇴직 후 '현금 흐름' 중심으로 재편

많은 은퇴자가 착각하는 것이 있다. 그동안 모아둔 부동산이나 예금만으로 노후가 유지될 거라는 생각이다. 하지만 부동산은 '팔기 전까지는' 돈이 아니다. 시세가 올라도, 매달 생활비가 안 들어오면 의미가 없다. 그래서 퇴직 이후에는 자산의 성격을 바꾸는 작업이 필요하다.

바로 **'현금 흐름' 중심의 구조로 전환**하는 것이다. 가령 12억 원짜리 아파트 한 채를 가지고 있는 A씨가 있다. 이 집을 팔면 현금은 되지만, 다시 집을 구해야 한다. 전세로 살면서 남은 돈을 굴리는 방법도 있지만, 전세금이 오르면 또 불안해진다.

반면 B씨는 수도권 외곽에 3억 원짜리 수익형 빌라를 두 채 가지고 있다. 한 채는 본인이 거주하고, 다른 한 채는 매달 80만 원의 월세를 가져온다. 큰돈은 아니지만, 매달 들어오는 수익이 있다는 사실이 마음을 든든하게 만든다.

퇴직 후 자산 운용의 핵심은 안정성과 지속성이다. 단기 고수익을 노리기보다는, 위험을 낮추고 꾸준한 수익을 만들어낼 수 있는 구조를 만드는 것이 중요하다. 그중 가장 대표적인 방법이 '수익형 부동산'이다. 수익형 부동산은 크게 세 가지 유형으로 나뉜다.

첫번째 유형은 상가와 오피스텔이다. 이 부동산은 월세 수익을 안정적으로 얻을 수 있지만, 공실 위험이 있다. 특히 대출과 관리비 부담이 크기 때문에 지역 선정이 핵심이다. 두번 째 유형은 다가구 또는 다세대 주택이다. 입지와 구조만 잘 맞으면 매달 안정적인 월세 수익을 기대할 수 있다. 특히 청년층 수요가 있는 지역(대학가, 역세권) 중심으로 수익률이 높다. 마지막으로 지식산업센터, 도시형 생활주택 등 신유형 부동산이다. 초기 진입 장벽은 낮지만, 수익구조가 복잡하므로 전문가의 조언이 필요하다.

상가와 오피스텔	월세 수익은 안정적이지만, 공실 위험이 있다. 특히 대출과 관리비 부담이 크기 때문에 지역 선정이 핵심이다.
다가구 또는 다세대 주택	입지와 구조만 잘 맞으면 매달 안정적인 월세 수익을 기대할 수 있다. 특히 청년층 수요가 있는 지역(대학가, 역세권) 중심으로 수익률이 높다.
지식산업센터, 도시형 생활주택 등 신유형 부동산	초기 진입 장벽은 낮지만, 수익구조가 복잡하므로 전문가의 조언이 필요하다.

이 중에서 초보 은퇴자에게 추천하고 싶은 건, '소형 임대주택'이다. 특히 역세권 또는 직장 밀집 지역 근처의 소형 빌라나 다세대 주택은 월세 수요가 꾸준하다. 중요한 건 가격이 아니라, '입주가 쉬운가?'다. 한 달 공실이 생기면 수익률은 급격히 떨어진다. 그래서 항상 '사람이 원하는 집'을 사야 한다.

은퇴자의 연금형 전환 이야기

K씨는 56세에 퇴직 후, 서울의 아파트 한 채를 팔았다. 그리고 경기도 안양에 있는 신축 빌라 두 채를 분할 매입했다. 한 채는 아들 부부에게, 나머지 한 채는 임대로 돌렸다. 임대료는 월 85만 원. 적은 금액처럼 보이지만, 연간 수익률은 5퍼센트 이상이었다. 그는 이렇게 말한다.

"은퇴 후에는 큰돈이 아니라, 꾸준히 들어오는 적은 돈이 마음을 편하게 한다."

퇴직 후 가장 중요한 건 '안정적인 현금 흐름'이다. 그래서 지금 당신에게 필요한 것은 또 다른 직장이 아니라, '돈이 일하는 구조'를 만드는 것이다. 집은 반드시 커야 할 필요가 없다. 대신 그 집이 매달 돈을 벌어주는지가 더 중요하다. 10억 원짜리 집 한 채보다, 매달 100만 원씩 들어오는 자산이 당신의 노후를 더 든든하게 만든다. 노후는 지키는 싸움이 아니다. 잘 설계된 자산으로, 삶을 운영하는 기술이 필요하다.

디지털 시대의
똑똑한 임대 관리법

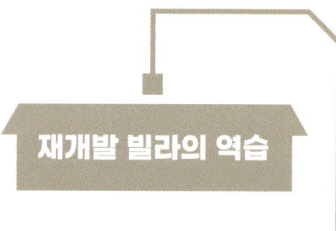

재개발 빌라의 역습

부동산 투자를 시작하는 사람들이 늘었다. 작은 빌라 한 채라도 임대 수익을 내는 시대지만, 실제 관리에 들어가면 그리 간단치 않다. 임대 계약부터 세입자 관리, 시설 보수, 공실 처리, 세금 관리까지 직접 하려면 생각보다 시간과 에너지가 많이 든다. 특히 본업이 있는 1인 임대인이라면 더욱 그렇다.

하지만 다행히 디지털 시대는 이런 고민을 덜어줄 다양한 도구를 준비해 두었다. 이제 스마트폰만 있다면 부동산 관리의 어려움을 크게 줄일 수 있다. 디지털 시대, 임대인이 알아야 할 핵심 관리법을 소개한다.

'디지털 자동화'로 해결하기

임대차 계약은 더 이상 종이 계약서로 힘들게 보관할 필요가 없다. 국토교통부의 부동산 전자계약 시스템을 활용하면 간단한 전자서명만으로 계약서 관리, 확정일자 부여까지 한 번에 가능하다. 세입자와 집주인 모두 계약 관련 불필요한 걱정을 덜 수 있다.

월세 입금 체크도 디지털 앱으로 자동화가 가능하다. '토스', '뱅크샐러드', '대여 노트', '집주인' 같은 앱이 월세 입금이 확인되는 즉시 알림을 보내준다. 월세 입금일을 깜박한 세입자에게도 미리 설정된 리마인드를 자동으로 전달할 수 있다. 계약 만기나 보증금 반환 일정 관리 역시 네이버 달력, 구글 캘린더, 카카오톡 알림과 연계하면 복잡한 일정도 간편하게 관리할 수 있다.

공실 관리는 VR로 효과 내

공실이 발생하면 빠르게 세입자를 찾는 것이 최우선이다. 과거처럼 중개사무소를 찾아 열쇠를 맡기고 기다리던 방식은 이제 구식이다. '직방', '다방', '집토스', '호갱노노' 등 다양한 플랫폼을 이용해 VR 투어나 고화질 실내 영상을 올리면 세입자들의 관심을 훨씬 빠르끌 수 있다.

특히 '집토스' 임대인 관리자 페이지는 세입자와의 상담 이력과 계약 현황, 수익률 분석까지 한 번에 확인할 수 있도록 지원한다. 공실 기간이 줄어드는 만큼 임대 수익률은 자연스럽게 올라간다.

도배와 시설 수리, '앱 하나'면 충분

시설 유지보수는 모든 임대인의 고민거리다. 하지만 '숨고', '오늘의 집', '카카오T 홈서비스'와 같은 모바일 앱을 활용하면 청소, 도배, 수도관 수리, 전기 작업 등 시설 유지관리가 훨씬 편리해진다. 서비스 평점과 가격 비교 기능이 있어, 투명하고 합리적인 가격에 믿을 수 있는 업체를 쉽게 찾을 수 있다.

관리를 전담할 시간이 부족한 임대인이라면 '홈 마스터', '빌라 박사' 등 임대 관리 외주 서비스를 고려해 볼 만하다. 매월 일정 비용을 지급하면, 유지보수부터 공실 관리까지 알아서 처리해 주기 때문에 시간과 관리 스트레스를 크게 줄일 수 있다.

세금과 공과금 관리도 자동화하라

부동산 세금이나 공과금을 놓치면 뜻밖의 부담이 생긴다. '삼쩜삼', '토스', '뱅크샐러드' 등 세무 관련 앱을 활용하면, 종합소득세와 재산세, 종부세 등 각종 세금의 납부 시기와 예상 금액을 손쉽게 관리할 수 있다.

수도·전기·도시가스 등 공과금 납부는 각 공기업 앱(서울시 '아리수', 한전 '스마트빌링', 지역 도시가스 앱 등)을 통해 자동이체를 설정하면 편리하다. 납부 현황을 실시간으로 확인하고 미납을 방지할 수 있어 훨씬 효율적이다.

빌라의 가치와 흐름을 읽고 싶다면?

부동산 투자의 핵심은 흐름을 읽는 데 있다. 내가 가진 빌라가 과연 시세에 비해 적절한지, 재개발 가능성은 있는지 객관적으로 파악해야 한다. '호갱노노', '집집', 'KB시세'와 같은 앱을 이용하면 간편하게 주변 시세, 공시지가, 재건축·재개발 현황 등 부동산 시장의 흐름을 빠르게 파악할 수 있다.

국토교통부 실거래가 공개 시스템이나 서울시 열린 데이터 광장도 적극적으로 활용해 보자. 지금의 흐름을 정확히 이해하면, 언제 사고 언제 팔아야 할지 판단이 더욱 명확해진다.

디지털 관리 능력이 투자 성과 좌우

"부동산 한두 채쯤은 별다른 관리 없이도 수익을 내겠지."라는 생각은 초보 임대인의 가장 큰 착각이다. 직접 관리의 피로도는 생각보다 크다. 하지만 디지털 관리 도구를 적극적으로 활용한다면 이 모든 관리의 어려움을 놀라울 정도로 덜어낼 수 있다.

부동산 임대는 결국 운영이다. 디지털 시대에 걸맞은 관리법을 익힌 임대인은 같은 자산이라도 수익률과 스트레스 측면에서 완전히 다른 결과를 얻는다. 스마트한 디지털 관리를 통해 더 많은 여유와 더 높은 수익률 누리기를 권한다.

2040 재개발·재건축의
패러다임

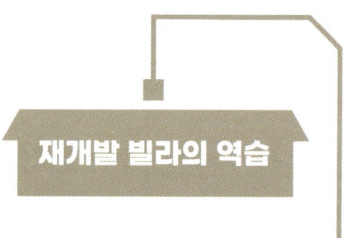

재개발 빌라의 역습

서울의 하늘은 여전히 바쁘다. 크레인이 하늘을 찌르고, 어디선가 또 하나의 철거가

시작되고 있다. 사람들은 익숙하게 '재개발이래', '재건축한대'라는 말을 주고받는다.

그러나 과연 이 말이 2040년에도 같은 의미로 통할까?

도시는 변한다. 그 변화의 중심에는 항상 '개발'이 있다. 1970~1980년대 강남의

허허벌판이 고층 빌딩 숲으로 변했듯, 2040년의 재개발과 재건축도 단순한 철거와

신축의 개념을 넘어선다.

도보 30분 내 '보행일상권' 주목

　서울시는 이미 2040 서울 도시기본계획을 통해 '비욘드조닝'이라는 개념을 내세우고 있다. 용도지역의 경계를 허물고, 하나의 땅에서 주거와 상업, 문화가 공존하는 도시를 만들겠다는 선언이다. 단순한 용적률 싸움이 아니다. 삶의 방식을 바꾸겠다는 것이다.

　특히 '보행일상권'이라는 개념은 주목할 만하다. 도보 30분 이내에 집, 일자리, 병원, 마트, 문화 공간이 모두 해결되는 도시. 자동차를 소유하지 않아도 일상이 불편하지 않은 서울. 이것은 단순한 설계가 아니라 철학의 변화다. 도시를 계획하는 자들이 이제는 삶의 질과 사회적 연결까지 고려하기 시작한 것이다.

　한 예로 성동구 금호동 일대가 있다. 이곳은 한때 서울의 대표적 노후 주거지였다. 2020년대 중반까지만 해도 주민 간의 갈등과 사업 지연으로 답보 상태에 머물렀다. 하지만 도시재생과 스마트시티 요소가 결합하면서 완전히 다른 방향으로 전환되었다. 단순히 새 아파트를 짓는 것이 아니라, 공유오피스, 창업지원센터, 공공임대와 중소형 평형을 섞은 복합 주거단지로 진화했다. 재개발의 목표가 '살기 위한 집'을 넘어 '살고 싶은 동네'를 만드는 쪽으로 이동한 것이다.

　서대문구 연희동도 흥미롭다. 오래된 다가구 주택 밀집 지역으로 골목마다 빈집이 많던 이곳은 '빈집 활용 프로젝트'를 통해 예술가들의 창작공간과 공공 셰어하우스로 다시 태어났다. 철거가 아닌 재생으로 변화한 대표 사례다. 이제 재개발이란 단어는 '부수고 짓기'보다 '되살리고 바꾸기'로 이해해야 한다.

2040년 재개발 키워드 5가지

2040년의 재개발은 다섯 가지 키워드로 설명할 수 있다.

첫째는 융합이다.

업무, 상업, 주거, 문화가 분리되지 않고 하나의 공간에서 엮인다.

둘째는 보존이다.

무조건 철거하는 시대는 지나갔다. 기억을 간직한 공간은 리모델링을 통해 새 생명을 얻는다.

셋째는 참여이다.

과거처럼 몇몇 조합원과 시공사가 주도하는 방식이 아니라, 주민 전체가 참여하고 공감하는 방식으로 바뀐다.

넷째는 디지털이다.

드론 측량, AI 설계, IoT 기반의 건물 관리 시스템이 보편화된다.

다섯째는 지속가능성이다.

에너지 자립형 건물, 저탄소 설계, 재활용 건축자재 등이 필수가 된다.

그렇다면 투자자는 어디에 주목해야 할까?

행정의 속도를 이해해야 한다.

정책은 변하지만 흐름은 이어진다. '2040 서울 플랜'은 116개 생활권별로 재구성을 제안하고 있다. 도시계획도로의 설치 여부, 상업지역

확장 가능성, 고도 제한 해제 같은 변수에 따라 향후 가치가 극적으로 달라질 수 있다. 강북권의 상업지역 확대 계획은 이미 부동산 시장의 움직임을 바꾸기 시작했다.

'시간'을 사야 한다.

지금은 불편하고 지저분해 보이는 지역도 10년 뒤엔 중심이 될 수 있다. 개발의 시간표는 갑자기 바뀌지 않지만, 기다리는 자에게 기회는 온다. '선택과 집중'이라는 투자 철칙은 여전히 유효하다.

거주자의 눈높이에 맞춘 투자가 필요하다.

2040년의 서울은 초고령사회다. 계단 많은 오래된 주택 대신 엘리베이터가 있는 소형 공동주택, 관리비가 적은 임대형 주택이 더 선호된다. '내가 살고 싶은 집'이 아닌, '그들이 원하는 집'을 상상해야 한다.

이런 변화 속에서 2040년의 재개발·재건축은 더 이상 일부 투자자만의 리그가 아니다. 도시의 모든 구성원이 함께 설계하는 집단 창작물이다. 그리고 그 중심에는 언제나 '사람'이 있다.

교통망 확충, 재개발·재건축의 가속화, 그리고 생활 인프라의 재배치가 서울의 지도를 다시 그리고 있다. 과거 외곽으로 여겨지던 지역이 이제는 새로운 중심지로 부상하고 있으며, 낙후된 빌라촌은 미래의 아파트 단지로 변신하고 있다. 이런 흐름을 읽는 것이야말로 투자자의 가장 큰 무기다.

서울은 여전히 '사람'이 몰리는 도시다. 일자리가 있고, 문화가 있고, 교육이 있다. 그래서 재개발과 재건축은 단순히 집을 짓는 일이 아니라, 도시의 미래를 설계하는 일이다. 그리고 그 미래는 바로 지금, 우리 눈앞에서 서서히 모습을 드러내고 있다. 2040년, 철거의 먼지가 걷히고 새로운 동네가 모습을 드러내면 우리는 또 하나의 서울을 만나게 될 것이다. 그리고 그 서울은, 우리가 지금 그리는 상상보다 훨씬 더 다채롭고 정교할 것이다.

도시의 변화를
읽자

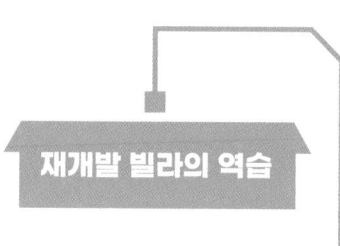

재개발 빌라의 역습

서울은 늘 앞서가는 도시였다. 1980년대 강남 개발 붐, 1990년대 분당과 일산의

신도시 확장, 2000년대 들어선 뉴타운과 재건축 열풍까지, 대한민국 부동산의

중심에는 언제나 서울이 있었다.

하지만 지금의 서울은 과거와 다르다. 단순히 땅값이 오르고 아파트값이 급등한다는

의미를 넘어서, 도시 자체가 '변화의 중심'으로 이동하고 있다..

생활권의 완성도 중요

서울 부동산의 미래는 단지 '어디가 오를까'의 문제를 넘는다. 이제는 '어떻게 살 것인가?', '어떤 도시에서 살고 싶은가?'로 질문의 방향이 바뀌고 있다. 도시계획, 주거 문화, 교통 기반, 삶의 질이 부동산 가치를 결정하는 요소로 전환되고 있다 .

서울시는 2040 도시기본계획을 통해 '보행일상권'을 내세우며 주거, 일자리, 여가를 30분 생활권 안에서 해결할 수 있는 도시를 만들겠다고 했다. 겉보기엔 단순한 계획 같지만, 이 방향은 부동산 투자자에게 중요한 메시지를 던진다.

과거에는 '역세권'이 부동산 가치의 절대기준이었다면, 앞으로는 '생활권의 밀도와 완성도'가 핵심이 될 것이다. 한 마디로, 얼마나 가깝게 모든 걸 누릴 수 있는지가 중요해진다.

이러한 변화의 신호는 이미 곳곳에서 나타나고 있다. 강동구 천호동 일대를 보자. 한때는 낙후된 상권으로 평가받았지만, 최근 몇 년 사이 지하철 5호선, 8호선의 환승역이라는 입지에 주목하면서 도시 재생 사업과 복합개발이 동시에 이뤄지고 있다. 여기에 생활형 숙박시설, 청년주택 등 다양한 주거 형태가 들어서며 '다양성의 실험장'이 되고 있다.

서울 부동산의 미래는 '한 가지 정답'이 사라지는 시대다. 강남처럼 고소득자 중심의 아파트 프리미엄이 지속되는 곳도 있겠지만, 동시에 성수동처럼 젊은 창작자들이 모여 브랜드 가치를 만드는 지역도 부상한다.

성수는 과거엔 공장지대였지만 지금은 패션과 예술이 어우러진 문화 거점으로 변모했다. 이런 지역은 숫자로 계산하기 힘든 '가치 상승'이 있다. 이른바 라이프스타일 기반 가치투자의 대표 사례다.

또한 서울의 미래 부동산은 기술과 밀접하게 연결된다. 스마트홈은 더 이상 미래의 이야기가 아니다. 인공지능으로 제어되는 전등, 에너지 효율이 높은 냉난방 시스템, 보안 시스템을 갖춘 아파트 단지들이 점점 더 많아지고 있다.

앞으로 서울에서의 주거 공간은 단순히 '사는 곳'이 아니라, 나의 디지털 일상 정보가 기록되는 스마트한 '생활 플랫폼'이 될 가능성이 크다.

숫자보다 방향을 읽자

2030년 이후에는 또 하나의 중요한 요소가 등장한다. 바로 '공간의 유연성'이다. 서울은 한정된 땅 안에서 더 많은 사람을 수용해야 한다. 따라서 주거 공간은 점점 작아지되, 그 안에서 기능은 더 다양해진다.

1인 가구를 위한 콤팩트 하우스, 코리빙하우스, 공공임대와 민간임대의 결합형 주택 등 실험적인 모델이 확산할 것이다. 이것은 거주 형태의 변화가 아니라, 투자 포인트가 달라진다는 뜻이기도 하다.

사례 하나를 소개하자. 마포구 연남동에서 다가구 주택을 임대하던 투자자 K씨는 코로나 이후 공실 문제로 고민이 깊었다. 하지만 주변의 변화 흐름을 감지하고, 기존 주택을 '청년 맞춤형 공유주택'으로 리모델링했다. 주방과 거실은 공유로 구성하고, 각 방은 독립된 공간으로 분리했다. 이 집은 SNS를 통해 입소문을 타며 입주 대기자까지 생겼다. 그는 임대료를 올리지 않고도 수익을 극대화하는 곳인데 성공했다. 공간의 유연성과 시대의 요구를 읽은 결과였다.

서울 부동산의 미래는 바로 이런 흐름 속에서 만들어진다. 단순한 땅값의 변화가 아니라, 도시와 삶의 형태가 재편되면서 새로운 가치가 창출된다. 우리가 서울을 이해하고자 한다면, 숫자보다 먼저 '방향'을 읽어야 한다. 도시의 결이 바뀌고 있다. 그 흐름을 읽는 자만이 진짜 부를 준비할 수 있다.

3년 뒤, 후회를 남기지 말자

지금 서울 부동산 시장은 안개 속에 있다. 규제의 바람이 불자 거래는 얼어붙었고, 전셋값은 지역마다 들쭉날쭉 오르내린다. 언론은 하락을 이야기하지만, 멀리서 바라본 그래프의 선은 여전히 위로 기운다. 흐름의 끝에서, 우리는 한 가지 결론과 마주한다. 3년 뒤, 서울의 집값은 다시금 가파르게 치솟을 가능성이 크다.

그 이유는 분명하다. 첫째, 공급 절벽이다. 2022년 5만 가구였던 서울 아파트 입주 물량은 2025년 2만 가구로 줄어들었고, 착공 실적마저 8,800가구로 쪼그라들었다. 작은 집도 예외가 아니다. 2021년 2만 2,000가구에서 2025년에는 1,800가구로 줄었다. 이제 6억 원 이하 아파트는 지도 속 희미한 점이 되었다.

둘째, 재개발·재건축의 이주 행렬이다. 모아타운, 신속 통합기획, 속도전이라는 이름 아래 낡은 골목들이 바뀌고 있다. 그 속에서 수만 가구가 이주를 준비하고, 전셋값은 불어나 매매가를 흔든다.

셋째, 수도권 인구 집중이다. 일자리와 교육, 그리고 삶의 편의가 모여 있는 서울로 전국과 해외에서 사람들이 모인다. 이 거대한 흐름을 거스를 방법은 없다.

이 모든 힘이 맞물리면, 3년 뒤 우리는 단순히 "값이 미친 듯 올랐다."라는 말보다, 한 발 더 들어간 현실을 맞이하게 된다. 이미 너무 높아져, 발을 들일 수 없는 시장 말이다. 그날이 오면, 오늘을 떠올리며 속삭일 것이다.

"그때 샀어야 했는데..."

<재개발 빌라 투자의 역습>은 바로 그 '지금'을 이야기한다. 무주택자, 소액 투자자, 내 집 마련을 미뤄둔 사람들에게 재개발 빌라는 아직 남아있는 몇 안 되는 문이다. 조합원 자격을 얻으면 일반 분양가보다 훨씬 낮은 값에 새 아파트를 받을 수 있고, 시간은 그 가치를 배로 키운다. 서울에는 아직 500곳이 넘는 재건축·재개발의 씨앗이 남아있다. 이 책의 전략과 사례는 그 씨앗을 현실로 바꾸는 길이다.

부동산은 오늘의 안락함을 지키는 것이 아니라, 다가올 시간을 준비하는 일이다. 오늘의 작은 빌라 한 채가, 5년 뒤 당신 가족의 삶을 버티게 하는 기둥이 될 수 있다. 로또 같은 우연은 오지 않는다. 대신 선택이 있다. 준비가 있다. 그 길만이 유일하다.

3년 뒤, '그때 살 걸.'이라는 아쉬움과 '그때 사길 잘했어.'라는 안도감, 두 갈림길은 이미 오늘 이 자리에서 갈라지고 있다. <재개발 빌라 투자의 역습>은 그 순간을 위해 쓰였다. 이제, 당신의 시간이 왔다.

재개발 빌라의 역습
소액 투자로 부의 문턱을 넘어라

초판 1쇄 발행 2025년 10월 1일
초판 2쇄 발행 2025년 11월 24일

지은이 _ 황태연
펴낸이 _ 우선주
임프린트 _ 서하당비즈
펴낸곳 _ 1인1책
편집 · 디자인 _ 모두북

등록 _ 제 2017-000060호
전화 _ 02) 325-6693
이메일 _ onebook2016@hanmail.net
홈페이지 _ www.1person1book.com
주소 _ 서울특별시 은평구 증산로17길 41, 201호

ISBN _ 979-11-89032-56-2
값 _ 19,000원